DEML · UNHEILIGE VISIONEN

EDITION TRAUMREITER
Herausgegeben von Max Blaeulich

Deutschsprachige Erstausgabe

Copyright © 1993 by Wieser Verlag, Klagenfurt-Salzburg
Lektorat: Ludwig Hartinger
Umschlaggestaltung: Matjaž Vipotnik
Satz und Typografie: TextDesign Tripolt, Klagenfurt
Druck: Tiskarna Ljubljana
ISBN 3 85129 066 6

Jakub Deml

Unheilige Visionen aus Tasov

Prosa und Dichtungen

Auswahl und Übersetzung aus dem
Tschechischen von Christa Rothmeier
Nachworte von Christa Rothmeier
und Max Blaeulich

Wieser *Verlag*

Inhalt

Zauberformel an meiner Tür

In stillen und feierlichen Nächten,
wenn die Fenster offenstehen
zum Firmament,
schleichen sich Nachtmahren,
die Töchter der Finsternis,
in die Schlafkammern der Gottessöhne,
saugen das Blut ihrer Herzen auf
und ersticken
das Selbstbewußtsein.
Vigilate, Heroes!

(Notantur lumina, 1907)

Der weiße Bär

Ich weiß nicht, was mit mir und um mich herum vorher geschehen war. Es ist durchaus nicht ausgeschlossen, daß ich von jemandem betäubt und in ein fernes Land gebracht worden war. Ich erwachte in einer auf den ersten Blick ärmlich wirkenden und mir völlig unbekannten Stube.

Als ob jemand, von einem Spuk vertrieben, von hier ausgezogen wäre. Die Wände und der Plafond waren um nichts tröstlicher als in einem städtischen Armenhaus oder in einem Schloßturm, und der Fußboden, der sich von Menschenhänden längst erholt hatte, lag beklemmend tief unter einem verwahrlosten kleinen Fenster, dem einzigen dieses, in Quecksilberlicht getauchten Raumes, sicher um das Maß eines Menschen tiefer als die Erdoberfläche dort draußen. Außer einem Koffer an der Wand zwischen der linken Zimmerecke und der Tür gab es kein anderes Mobiliar hier. Kaum war ich aufgewacht, wurde ich mir meiner Situation mit der Freude und dem Ungestüm einer Seele bewußt, die sich gerade vom Körper abgetrennt hatte. Obwohl die Mauern mächtig wie das Mauerwerk eines alten verlassenen Klosters waren, und obwohl ich in dieser tiefen, für die Welt längst gestorbenen Zelle aufgewacht war, wußte ich plötzlich mit absoluter Sicherheit, daß hier der *Tod* auf mich wartete. Ich wurde von Entsetzen übermannt, und meine Lippen zitterten nicht einmal soviel wie das Blatt eines Baumes bei Windstille. Die niederschmetternde Stille entsprach dem beklemmenden Halbdunkel dieses fluchbelasteten Gebäudes. Die Erinnerungen aller, die hier einst gelebt hatten, lehnten sich von außen an die Mauern des Hauses, wie sich nur toter Lehm gegen die Wände einer Krypta stemmt. Ich glaube nicht, daß es einen Ausgang von hier gab. Die Schlüssel dieses Gebäudes waren sicher längst vom Rost zerfressen, und weiß Gott, in welcher Weltgegend das Wrack der Sonne liegt. Wäre ich alleine hier, mich würde diese Stille töten!

Derjenige, der gleichzeitig mit mir ein Gefangener dieser Stätte war, flieht auf einmal zu einer offenen Tür (die vom Alter schwarz geworden war) und kommt nicht mehr dazu, sich zum Boden des Koffers zu beugen, dessen an die Wand gelehnter Deckel mich nicht anders anblickt als ein, gleichzeitig mit mir von ewiger und unabwendbarer Vernichtung bedrohter Bruder; denn wo ein Mensch bedroht ist, dort fühlen auch die Dinge sich bedroht. Im Nu verstand ich die Absicht meines, durch die Unverhofftheit des Todes wie ich stummen Gefährten und greife mit der gleichen Schnelligkeit zum Boden des Koffers, des einzigen Möbelstücks dieses Zimmers, und schon drücke ich ihm ein Flakon mit einer furchtbaren, ein Lebewesen schlagartig in Stücke zerreißenden Bombe in die Hand ... Erst jetzt kommt mir der Gedanke, daß ich vor dem Zeitpunkt *dieses Anschlags* noch nicht wußte, was der Koffer enthielt (und es mir auch gleichgültig war), umso weniger aber, daß etwas *Tödliches* in ihm war. Und obwohl bis zu zwei Drittel seiner Länge gefaltete Kleidung in ihm lag, der restliche Platz dagegen ungeordnet mit kleineren, *unschädlichen* Gegenständen angefüllt war, griff ich nach der verderbenbringenden Flüssigkeit mit der Sicherheit eines Mannes, der seinen Spazierstock packt. Und außerdem wußte ich (der sich bis vor einem Augenblick eine Bombe *ganz anders* vorgestellt hatte!) genau, daß außer einer einzigen Waffe noch, die ich für alle Fälle (wiewohl mir klar war, daß dies mein *letzter* Fall ist!) für mich selbst an mich riß, sich keine andere mehr dort befand. Nun, unmittelbar darauf kam hinter meinem Gefährten, er war älter als ich, jedoch gleichsam identisch mit mir (was nur in Todesgefahr vorkommt – aber wer denkt in einem solchen Moment lange nach?), ohne daß Schritte zu hören gewesen wären, *ein großer, hoch aufgerichteter, weißer Bär* mit weißen Hauern im blutroten Zahnfleisch dahergerannt. Da erkannte ich, daß wir verloren waren, und ich wurde mir dieses Todes bewußt, wobei ich die Bombe fest in meiner Rechten hielt und mich gleichzeitig an meinen Gefährten erinnerte: erstens, daß er älter ist, und dann sofort, daß auch er das Verhängnis in seiner Hand hält ... Ja, das kam mir zu Bewußtsein, und es war augenscheinlich, daß wir verloren waren, ich zumindest *unausweichlich:* denn der Blick jenes Raubtiers machte mich vollkommen gelähmt. Ach, was waren das für Augen!

Und da ereignete sich etwas, wodurch wir völlig verwirrt waren: dieses furchtbare Wesen, mit der rechten

Tatze *sich bekreuzigend, bat uns,* sich *selbst* töten zu
dürfen!

Bruder! schrie ich, und stürzte zu Boden unter dem
Schlag desselben Entsetzens, wie es …

Das ewige Licht

Keiner soll sich einbilden, das wäre jener Gemütszustand gewesen, bei dem die Hände wie in Flammen stehen, das Herz leer und öd ist, und einem alles leidtut, wenn es nicht gar so weit ist, daß man sich für alles schämt und vor sich selbst ekelt. Wenn nicht gewisse Umstände gewesen wären, würde ich sagen, daß es sich um die genau umgekehrte seelische Verfassung gehandelt hat. Was geht euch das überhaupt an! Soviel steht jedenfalls fest, daß ich durch die Gassen einer gewissen Stadt ging und dabei vielen Menschen begegnete, denn es war bereits neun Uhr morgens. Was weiß denn ich, wie spät es war, aber es war schon längst Tag, und am Land hatten sie um diese Zeit wahrscheinlich das Heu zum Trocknen ausgelegt. Es war durchaus nicht so, daß die Sonne vom Himmel brannte – wenn ich schon von der Sonne reden soll – ja, wahrheitsgemäß muß ich sogar sagen, daß die Sonne gar nicht zu sehen war. Es ist keineswegs ausgeschlossen, daß ich die Sonne nie sah, was ich nur am Rande erwähne, weil es nämlich an diesem entscheidenden Tag meines Lebens keine Schatten gab, und Menschen und Dinge in ein gedämpftes, gleichmäßiges Licht getaucht waren, wie es manchmal im Sommer vorkommt, wenn der Himmel mit hohen, bewegungslosen Wolken bedeckt ist: so, als ob die

Schatten vor Grauen erblaßten und das Licht fahl würde vor Angst. Es tut weh, daß es unmöglich ist, euch das auf andere Weise zu sagen, aber macht euch jeder euren eigenen Reim darauf. Wie ihr schon gehört habt, war ich gar nicht unglücklich, im Gegenteil, es kam mir sogar vor, als ob alle Menschen, denen ich begegnete, mir tributpflichtig wären, wenigstens hatte ich ihnen noch nie so unverwandt in die Augen geblickt und war noch nie, wenn ich sie ansah, so sehr überzeugt gewesen, einem großen, für alle bedeutsamen Tagewerk nachzugehen. Welchem? Oh, wenn ihr die Güte hättet, mir eine Minute Gehör zu schenken! Allein, was sollte euch an einem Menschen gelegen sein, der weiß, wie töricht es wäre, euch etwas vorzuwerfen, und der es niederträchtig finden würde, sich über seine Stellung zu beschweren? Und was sollte euch an einem Menschen gelegen sein, von dem ihr so sehr überzeugt seid, daß ihm an der ganzen Welt nichts liegt? Ich beschwöre euch, laßt euch nicht beunruhigen und geht, ohne einen Gedanken an mich zu verschwenden, weiter euren guten Berufen nach. Seltsame Einfälle hat oft der Mensch, und, was die Hauptsache ist, manchmal ist er egoistisch! Gott, wie verantworte ich es vor Dir, daß alle mich so achten!

So ging ich also durch eine Gasse, vollkommen von einem einzigen Gedanken beherrscht. Von welchem? Vermutlich, daß ich Abschaum bin. Versucht euch diese Scham und ihre Macht zu erklären, ihr, die ihr euch nie versündigt habt, nicht einmal gestern, und die ihr euch daher mit vollem Recht schämt, wenn euch einfällt, daß ihr mir begegnen könntet. Meine edelmütigen Wohltäter waren mit vollem Recht einigermaßen verstimmt, daß ich, wiewohl gewissermaßen leidend, nicht an dem, zu Ehren, wie sich versteht, Seiner Wohlgeboren, des Hochgeehrten, Herrn X, veranstalteten Festessen teilnahm ...

Guten Tag! Guten Tag! – Schau, wie man Täuschungen erliegt! Kaum treffen wir jemanden und dieser jemand lächelt uns nur ein klein wenig zu, verflüchtigen sich die Gespenster – des Pessimismus. Guter Gott, was für eine Sünde, dieser Versuchung zu erliegen! Es ist wahrlich an der Zeit, daß die Jugend fröhlich, gesund, frisch und mutig, vernünftig, mit einem Wort ideal wird, denn in normalen Verhältnissen fällt der Apfel nicht weit vom Stamm, und es ist billig und gerecht, seinen Vater zu ehren und die Pflichten seines Standes zu erfüllen und die Gesetze Gottes, der Kirche und des bürgerlichen Gesetzbuches zu befolgen, und das bereitwillig, fröhlich, frisch und mutig, mit einem Wort ideal, was leicht zu erreichen ist durch Treue, Gehorsam, Demut, mit einem Wort durch vernünftiges Mittelmaß und durch Vermeidung alles Phantastischen, Unerfüllbaren, Überspannten, Unsinnigen, was an und für sich sonst sehr verdienstvoll und gut sein kann, unter diesen Umständen aber und vor allem in unseren Verhältnissen, wo jeder Zoll unserer nationalen und wirtschaftlichen Existenz mit solcher Anstrengung und Selbstverleugnung ...

Als ich auf einen Platz einbog, war ich wirklich so vollkommen mit etwas beschäftigt, daß es mich nicht im geringsten überraschte, als ich merkte, daß, fast unmittelbar neben mir, irgendein Mann ging. Ja, ich war sogar dermaßen von einem bestimmten Gedanken gefesselt, daß ich völlig ruhig blieb, als ich bemerkte, daß dieser Kompagnon von mir – ein Leichnam war.

Wenn ein Mensch in einem gewissen Maß von einem bestimmten Gedanken gefangen ist, dann lockt er die Toten an, so wie hochaufragende und scharfe Gegenstände die Kräfte aus der Atmosphäre anziehen. Und wenn er nicht genügend auf der Hut ist, kann ihm in einem solchen Zustand noch Schlimmeres zustoßen, wie es eine der Balladen aller Völker andeutet – wenn ihr nicht wissen solltet, welche ich meine, setzt euren Weg ruhig fort –, denn die glatte Oberfläche der Toten verursacht gewissen Wesen genau so ein Schwindelgefühl wie die Oberfläche eines einsamen Teiches in der Abendstunde.

Jener Morgen, an dem ich unterwegs war, jener Morgen mit seinen hohen, bewegungslosen Wolken, mit jener Melancholie, die man sehen kann wie eine verlassene Jungfrau auf abgemähten, den starren schwarzen Wäldern auf den umliegenden Berghängen entblößten Wiesen, jener Morgen, das fühlte ich, würde keinen Mittag haben ... Solange ihr dieses Bild von den gemähten Wiesen noch in frischer Erinnerung habt, und solange euch der Siechenhausduft eines unsichtbaren ewigen Lichts umweht, der an solchen Tagen aus den starren Wolken über der menschenleeren, verstörten Landschaft hängt, gedenkt, daß das einzige Vöglein, von aschgrauen Farben, so ein kleiner Zaunkönig, der herumflattert in niedrigem Weidengehölz, dessen Blattwerk von einer leichten Brise, traurig neugierig gelüftet wird, am Ufer eines Flusses, der an seinen schwarzen unbewegten Stellen glänzt wie die umgekippten Körper toter Fische: daß es euch das entsetzte Auge Gottes und eure ganze Ratlosigkeit versinnbildlicht ...

Eingehüllt also in eine dieser Landschaften wie in einen Mantel der Kraft, schritt ich über den Platz, als mir auf einmal jener Tote erschien. Erschien, fühle ich mich angehalten zu sagen, denn ich war nicht im geringsten dadurch überrascht, sodaß er unbedingt schon lange vorher neben mir gegangen sein mußte.

Ich werde euch nicht mit Erzählungen ermüden, wie die Häuser dieser Stadt aussahen und wem wir begegneten und so weiter, all das könnt ihr mit eigenen Augen sehen, wenn ihr einmal hinkommt, denn diese Stadt ist eine von denen, wie ihr sie liebt: Industrie, Handel, Damen mit Schleppe und Schleier, Hochschulen, Kirchen aller Religionsgemeinschaften und Stile, Theater, Opern, Museen, Schwimmschulen, Spielplätze und vor allem Offiziere.

Die Geschichte dieser Stadt entspringt der grauen Vorzeit, und beim Aushub für die Fundamente des größten dortigen Hotels wurden viele Denkmäler aus der Bronzezeit gefunden.

Zu erwähnen ist noch soviel, daß ich rein gar nichts von den Tätigkeiten und Uniformen der oben erwähnten registrierte und, als ob ich ein Schatten des großen Schmerzes am Himmel, oder der Strahl einer großen Freude in der Vorhölle wäre, von allem unberührt, durch diese Stadt ging. Ich hatte sogar den Eindruck, daß auch alle diese Menschen einfach irgendwohin gehen, ohne etwas zu berühren, und das solcherart, daß alles unversehrt bleibt, sogar die Speisen, die sie gerade im Begriffe sind zu verzehren, und daß sie auf diese Weise in alle Ewigkeit, ohne Vorbedacht, wie die Wellen eines Flusses dahineilen. Entweder sehen ihre Augen nicht, oder ihre Seele weiß nichts. Sie kamen mir vor wie Puppen eines Marionettentheaters, für die ein anderer spricht und handelt, zornig ohne Zorn, freudig ohne Freude. Ich glaube, daß es keinen einzigen unter euch gibt, der imstande wäre, mich zu bedauern, daß ich diese schreckliche Stadt sah. Also werde ich mein Herz wie einen Felsblock weitertragen und euch sofort erzählen, was mir zustieß.

Jener Tote, über den ich mich außergewöhnlich freute, weil er der einzige war, der in dieser Masse handelte und dachte – und ich fühlte mich so einsam in dieser großen Stadt – nun, jener Tote wandte, zu meiner Linken gehend, sein Gesicht zu mir und, meine Hand ergreifend, sagte er: »Der zwei Heller wegen bist du so traurig?« Dabei blickte er mich mit so süßer Ironie an und drückte meine Hand mit solcher Zärtlichkeit, daß ich zu lächeln begann wie er, und die Wonne, die aus seinen Augen und aus seiner Frage auf mich überströmte und deren Duft mich wie das ewige Licht˙anwehte, durchdrang mich mit der Verheißung und mit der Musik einer ewigen, mir unbekannten, jedoch nahen Entschädigung. »Wie das ewige Licht« muß ich sagen, denn nur dieses Angesicht als einziges in der ganzen Stadt und in der ganzen Gegend strahlte mich an mit dem Sonnenlicht. Der Himmel und alles übrige leuchteten nämlich mit einem anderen Licht, ungefähr so, wie bestimmte tote Dinge, pflanzliche oder animalische, phosphoreszieren.

Ein Augenblick, und die Stadt war verschwunden. Was mit mir passierte in jenem Zeitpunkt, den man Bewußtlosigkeit nennt, und der uns, im Traum als Fall und als das Brausen eines unendlichen, blinden Ozeans empfunden, als körperliche Ewigkeit vorkommt?

Ich stehe in einem gewölbten, ziemlich weiträumigen, völlig leeren, auffällig sauberen Kellerverlies – ganz allein. In der Mitte dieses abgegrenzten unterirdischen Raums gähnt ein unberührtes und anscheinend abgrundtiefes Grab. Es herrscht hier eine solche Stille, daß das Geräusch der »Sonnen«strahlen zu hören ist, die aus dem Grab, vor Frische gleichsam perlend und wie ein Duft aus einem offenen Schrank, emporlodern. Meine Seele sagte mir: »Das ist ja das ewige Licht!« Von panischer Angst erfaßt, wollte ich fliehen. Dem Eingang zu erhöhte sich der Boden. Um Hilfe zu rufen, hätte nichts genützt, denn jeder Schrei wäre ins Leere verhallt wie der Seufzer einer Maus zwei Klafter tief unter der Erde, und außerdem hatte ich das starke Gefühl, daß ich mit jedem derartigem Versuch mein trauriges Schicksal nur beschleunigen und verschlechtern würde. Also entschloß ich mich plötzlich zur Flucht, weil irgendwo hinter mir unbedingt jene Stadt war, und es doch möglich sein mußte, von hier wieder hinauszukommen, wenn man auch hereingekommen war! Freilich, genau hinter mir befand sich jener Platz, ich konnte ihn spüren, so wie bestimmte Tiere in großer Entfernung Regen, Kälte, Seuchen oder Blut nahen fühlen. Erst in diesem Moment, tief und vermutlich für immer unter der Erde, empfand ich fieberhaftes Verlangen nach dem Leben dort oben, und durch die Erdschichten, schien mir, hörte ich die Schritte der stummen, traurigen, aber immerhin lebendigen Passanten – und sowohl meine Haut als auch meine Augen erinnerten sich plötzlich an die zarte Liebkosung des silbernen Lichts, kränklich wie die Züge der ewigen Sehnsucht, aber immerhin eines Lichts – und in diesem Moment schlug mein ganzer Wille um wie der Staub auf der Straße unter dem jähen Kehrtstoß eines Sturms und richtete sich auf den Ausgang. Allein, ich Unglücklicher!, bevor ich mich umdrehen konnte, ertönte aus dem Grab eine Stimme:

»Komm zu mir!«

Diese Stimme lähmte meine Beine vor Schmach, denn es war die Stimme meines einzigen Freundes und sie war hell wie eine Glocke aus Glas und unwiderruflich wie das Wort Gottes. Gleich hinter dieser Stimme erhob sich aus dem Grab eine Gestalt in einem langem fließenden Gewand, das wie aus kleinen Morgenwölkchen gewebt war. Dieses Gewand war schmal wie auf altassyrischen Königsbildern und steif von der Lust des Paradieses. Sein unterer Teil floß schräg ins Grab hinein. Die Augen dieses Glückseligen zielten fest auf mein Wesen, mich wie ein Licht durchdringend, und seine Lippen lächelten wie Marmor. Ich fürchtete mich, einen

Schritt zu machen, oder mich auch nur irgendwie zu rühren, und angezogen von zwei Seiten, nämlich von der Welt hinter meinem Rücken (so traurig sie auch sein mochte!) und dem Licht vor meinem Gesicht, sprach ich schließlich das aus, was dieser Geist einfach sah: »Ich fürchte mich, ich habe Sünden!«

»Du wirst dich im Fegefeuer reinigen,«

sprach die Erscheinung und erstrahlte plötzlich im allerstärksten Licht, und ich, in der Gewißheit, daß es für mich keine Hölle gibt, stürzte mich in dieses Licht wie in einen Abgrund.

Der Fremde

Er klopfte an und trat ein. Er stellte sich nicht vor, und ich ersuchte ihn nicht darum. Soweit es die Abenddämmerung erlaubte – eigentlich war es schon Nacht –, konnte ich erkennen, daß er bleich war. Ich bot ihm einen Stuhl an, aber er lehnte dankend ab und sagte: »Sie wissen nicht, wen Sie empfangen.« Ich antwortete ihm darauf: Aber ich weiß, was ich kein zweites Mal verlieren werde.

Durch diese unerwartete Antwort ermutigt, sagte der Unbekannte: »Dann gestatten Sie, daß ich mich kurz setze«, als ob er jedoch nicht wüßte, was er sagte, legte er seine Hände auf die Sessellehne und blieb so stehen. Erst nachdem ich die Vorhänge zugezogen und die Lampe angezündet hatte, nahm der Gast Platz und sagte: »Sind Sie allein?« Ich antwortete ihm, daß das meine wissenschaftliche Arbeit sogar erfordere. »Und haben Sie Zeit?« erkundigte er sich. Aber plötzlich blickte er mich lange an und sprach dann: »*Ich erkenne Sie!*«

Als er auf das hinauf den Schimmer eines unwillkürlichen Befremdens über mein Gesicht huschen sah, sagte er, als ob das in irgendeinem Zusammenhang stünde: »Bitte, sagen Sie mir das Wort Exzellenz auf tschechisch!« Als ich ihm zur Antwort gab, daß ich den tschechischen Ausdruck nicht kenne, meinte er: »Dann sagen Sie es mir auf mährisch!« – Hier konnte ich mich nicht mehr zurückhalten und begann merklich zu lächeln. Der Fremde, an dieses Lächeln von mir offenbar anknüpfend, sagte: »Giacomo Trivulzio, wenn er von Mario Filelfo spricht, kennt den schönen Spruch: *solenne impostore.* Das ist nur in der romanischen Sprache, in der Sprache eines Tribuns, Cäsars und Macchiavellis möglich. – Haben Sie eine Bibel hier?« Ich gab sie ihm; er blätterte eine Zeitlang darin und dann las er vor: *Nun hatte man damals einen berüchtigten Gefangenen namens Barabbas.* In unserer Sprache klingt das viel zu melodramatisch, es hilft nichts, die Vulgata bleibt die Vulgata: *Habebat autem tunc vinctum insignem, qui dicebatur Barabbas –;* er klappte die Bibel zu und, indem er sie mir wie eine Sache überreichte, die ihren Zweck erfüllt hat, sagte er: »Wissen Sie, das Glanzstück aus Erbens ›Blumenstrauß‹ ist ›Záhořs Lager‹, wenn es nicht ein so slawisch glückliches Ende nehmen würde ... Wir werden es wohl nie zu einem *berüchtigten* Schurken bringen – – – Nicht, daß wir nicht gerettet werden wollten, aber wir verzichten aufs ewige Leben, weil wir nicht bis zum Ende ausharren ... Das ›Goldene Spinnrad‹ würde mir auch zusagen, hören Sie: *Nun war die Hochzeit, reif die Sünde* ... Oder im ›Wassermann‹: *Feucht geht er im Trockenen!* So was nennt man Oxymoron, und das ist meine Lieblingsfigur.«

Mir war das Lachen bereits vergangen, und ich gab auch keine Antwort mehr, da mir das große Geheimnis eines solchen Humors nicht unbekannt ist; gibt es doch bei Baudelaire, denke ich, das Beispiel eines Künstlers, der alle Zuschauer zum Lachen brachte und am Ende tot umfiel, weil ihm das Herz vor Schmerz zersprang.

Als daher mein Fremder bemerkt hatte, daß ich ihn verstehe und ihn folglich nicht unterbreche, beruhigte er sich und sagte mit veränderter, leiser Stimme: »Und was bleibt einem Menschen, der weiß, daß man ihm nicht glaubt, anderes übrig? Die Menschen haben heutzutage überhaupt wenig Glauben in sich. Christus hat man in ein scharlachrotes Gewand, das Gewand seiner Schmach, gekleidet, auf den Kopf hat man Ihm das Symbol des Wissens aufgesetzt, und in die Hand gaben sie Ihm das Symbol der Macht und knieten vor Ihm nieder, um ihn zu verspotten ... Derjenige jedoch, der leidet, besitzt wirklich das höchste Wissen und die größte Macht, nur bleibt ihm nichts anderes übrig, außer zu schweigen und zu warten –«

Der Unbekannte verstummte, fuhr sich mit der Hand über die Stirn und sagte, abermals mit veränderter Stimme: »Wissen Sie, worin ich den schlagendsten Beweis für die Wahrheit sehe? Im *Nichtbeweisen*. Eure Heiligen haben das gewußt, aber die heutige Zeit weiß es nicht. Der Blinde beweist und der Sehende geht. Dasselbe gilt vom wirklich Schwachen und vom wirklich Mächtigen. Im Staat der Zukunft – ich meine: in der Kirche, wird es weder Polizei noch Militär geben. Eine gewisse Hellseherin von Euch hat gesagt, wenn die Menschen nicht im Paradies gesündigt hätten, wäre die Zeugung *durch das Wort* möglich. Wissen Sie, das ist schön, weil es wahr ist. Wurde nicht deswegen auch die Beichte gesetzlich festgelegt? Gegeben hat es sie von allem Anfang an, denn der Mensch kann nicht ohne das Wort leben: einmal damit es etwas bewirkt, einmal damit es vernichtet – ist das nicht dasselbe? ... Sie erwähnten vor kurzem – Sehen Sie, wie ich mich erinnern kann – Ihre wissenschaftliche Arbeit; daraus schließe ich, daß Sie mit der Poesie vertraut sind ... ›*Und alle Geheimnisse der Nacht warf ich, Poesie, in einen Frauenschoß*‹. Wenn es das Paradies nicht gäbe, gäbe es keine Dichter. Wenn es keine Dichter gäbe, glauben Sie, daß dann das Menschengeschlecht noch bestehen würde? *Et verbum caro factum est,* wenn Sie mich verstehen können – – – – – – – – – – – – – – – – «

Der Fremde ließ ein kurzes Schweigen eintreten, seinen Blick ins Unbestimmte, wie in weite Ferne gerichtet. Auf einmal aber lächelte er leicht: »Wissen Sie, was mir an Ihnen gefällt? Daß Sie einen Lampenschirm haben und daß Sie sich *in der richtigen Entfernung* von mir hingesetzt haben; nur die wenigsten wissen heutzutage, wo sie sich hinzusetzen haben ...« Ich erwiderte, ob er nichts dagegen hätte, wenn ich herumginge. »Gestatten Sie mir dafür«, sagte der Fremde, »daß ich mich auf diese kleine Truhe setze? « – – – – – – – – – – – – – – – – – –

Ich ging im Zimmer herum, und der Unbekannte, mit dem Rücken an die Holzlehne meines Betts gelehnt, blickte eine Zeitlang auf den Plafond, dann auf mein Gesicht, dann auf meine Füße, schließlich noch tiefer, sodaß ich den Eindruck hatte, als ob er etwas Unsichtbares beobachtete, das in weiter Ferne zu Boden fällt. Daraufhin schien sein Blick gleichsam nach innen zu versinken ... Das dauerte so eine Weile. Ich weiß nicht, was in seiner Seele vor sich ging, aber endlich erwachte der Fremde aus seiner Versunkenheit und begann zu sprechen: »Angst wächst, wenn sie mitgeteilt wird, infolgedessen habe ich diese Dinge lange geheimgehalten. Dazu kam ein noch schwerwiegenderer Grund, den ich mir selbst heute das erste Mal eingestehe, und schon nicht einmal daran denken zu müssen, hat mich große Mühe gekostet. Ich hatte etwas angestrebt, was in krassem Widerspruch zu den Tendenzen dieser Generation steht, nämlich, mich nicht von den anderen zu unterscheiden. Nachdem ich aber scheiterte, – begreiflicherweise, denn im Grund beruht die ganze Angelegenheit darin, daß man gar nicht daran denkt –, schlug mein Streben nach Konformität in eine ganz exzentrische Vermessenheit um: es wird doch auf der ganzen Erde irgendwen geben, der mir ähnlich ist! Welchen Einfluß dieser verbissene Wunsch auf den traurigen Vorfall hatte, von dem ich Ihnen erzählen wer- de, das kann ich nicht entscheiden – – – – – – – – – – –

Meinem Großvater nach bin ich deutscher Herkunft, worin wahrscheinlich die Hauptursache, oder sagen wir lieber, der primäre Grund meiner Traurigkeit und des Gefühls ständiger Einsamkeit zu suchen ist, denn so ein Mensch – kennen Sie vielleicht Mussets Erzählung von der Weißen Amsel? Nur, wie läßt sich damit wieder fol- gender Umstand in Einklang bringen: obwohl das tsche- chische Volk unter dem Einfluß der Aristokratie und folglich vor allem des hohen Klerus und durch die Schuld unserer sprichwörtlichen Nachgiebigkeit defini- tiv und daher unwiderruflich germanisiert ist – keiner soll mir sagen, daß wir eine Sprache haben! –, habe ich in diesem ganzen Volk nicht einen einzigen Menschen gefunden, der mich beruhigt hätte, oder der mir wenigstens durch irgendetwas und selbst beim besten Willen nicht fremd geblieben wäre ... Verständlichkeit und damit auch Sympathie, werden, wie ich erkennen mußte, nicht immer mit Worten, sondern zuweilen mit dem Tod der Seele erkauft.« – Der Fremde unterbrach seine Rede wie ein Pflüger, der an der Pflugwende nicht, um sich auszuruhen, anhält, sondern um einen vorübergehenden Bekannten zu grüßen. Dann sagte er: »Ad vocem ›Aristokratie‹, ad vocem ›Klerus‹. So wie sich die Wirklichkeit und der Traum im Grunde nicht unterscheiden, und im Traum sogar viel mehr Wahrheit enthalten ist als in der ›Wirklichkeit‹, gibt es genauso keinen Unterschied zwischen der geistigen und der weltlichen Macht, weil welche Macht auch immer nur insoweit eine Macht ist, sofern sie geistig ist. Die römische Kirche – und dabei neigte er seinen ganzen Körper so weit vor, daß ich den Eindruck hatte, ein unter dem Wind geducktes Getreidefeld vor mir zu sehen –, ich meine alle, nenne aber die, die sich am meisten manifestiert, – sehen Sie, und das ist das Problem der, sagen wir Chelčický́schen, Melancholie, – verwirklichte, wie Ihnen vielleicht bekannt, das Paradoxon, daß das Geistliche nicht weltlich sein kann, und weil das Römische Imperium in die Hände der Germanen überging – unrichtigerweise sagt man, daß es unterging – und wir leben immer noch, – gestatten Sie, daß ich nicht aufs heutige Saloniki zu reden komme –, ist es unmöglich, daß wir nicht ein Pasquill der Geschichte sind. Entweder wir sind ›orthodox‹ und in dem Moment gibt es uns nicht mehr, oder wir SIND, und sind schon nicht mehr Gottes. Ich schwöre Ihnen, Nietzsche war ein Slawe. Die Blasphemie, mein Lieber, ist ein Laster des Mundes, wenn sie nicht in der Hand verheimlicht wird, keiner hat es gewagt, sie dem Heroen zuzusprechen, durch den sie zur Autorität wurde – – –«

Noch bevor er ausgeredet hatte, wurde mein Körper von einem leichten Schauer erfaßt, so als ob alle Menschen aus der ganzen Welt für immer fortgegangen wären, und nur ein einziger, unbekannt woher und wer, vor mir stünde, um mich auszulachen. Dank meines Lampenschirms und gewissermaßen auch deswegen, weil die längere Einsamkeit, die in meinem Inneren durch allzu großes Glück entstanden war, meinen Muskeln und meinem Teint wenn auch unbewußte Ruhe verlieh, konnte ich meine Fassung wiederfinden, ohne daß der Fremde mir etwas angemerkt hätte. Mit diesem Gedanken beruhigte ich mich ein Weilchen, aber mein Gast sagte unbarmherzig: Wenn ich die Stimme verändere, beginnt Ihr Gesicht zu leuchten. Ich werde Ihnen gleich jetzt sagen, was ich Ihnen eigentlich erst zum Abschied sagen sollte: im Flug, zwischen Himmel und Erde, im Raum der gefährlichsten Freiheit ist ein Vogel niemals unsicher, weil er sich in der Macht eines Gesetzes befindet, das ihn so vollkommen ausfüllt, daß er gar keine Zeit hat, daran zu denken. Wenn er kein Vogel wäre, wenn er also in der Sprache der Menschen reden könnte, würde er niemals von »Pflichten seines Standes« sprechen. Wenn sich allerdings dieser Flieger, der so vorbildlich ist in seiner Sicherheit über den Abgründen, in sein gefahrloses Nest setzt, steckt er voller Zweifel. Oder lassen wir uns zu einer näherliegenderen Erfahrung herab: nur ein sehr kranker Hund wird sich plötzlich auf seinen Platz niederlegen, während ein gesunder sich mehrmals in der Mitte seines Lagers umdrehen wird, bevor er sich ihm anvertraut, – um die Geister zu verwirren, die es ihm nicht gönnen ... Sie können einwenden, daß ich nichts von Hunden verstehe, Sie würden aber schwerlich recht haben, wenn Sie behaupteten, daß ich nichts von der Treue verstehe ... An dieser Stelle lächelte der Fremde, und sicherlich würde ich ihn bedauert haben, wenn nicht gleich beim ersten Satz seine weitere Erzählung meinen Gefühlen eine andere Richtung aufgezwungen hätte – – – – – – – – – – – – – – – –

Eines Tages, fuhr er fort – ich mußte um jeden Preis meine Umgebung wechseln – bekam ich Sehnsucht nach der Großstadt. Nein, nicht nach Prag, denn alles, was mich an dieses insgeheim, dabei jedoch offensichtlich verfluchte Volk erinnerte, verursachte mir auch physische Schmerzen. Ich fuhr nach Wien, nachdem ich mich durch die Entscheidung, daß ich meinen Aufenthaltsort von Fall zu Fall bestimme, beruhigt, oder eigentlich erholt hatte –

Voll der schmerzlichsten Eindrücke, hatte ich vor, mich in völlige Einsamkeit zurückzuziehen, als ich plötzlich eines Abends, ohne mir dessen in diesem Augenblick irgendwie bewußt zu sein, vor dem Palais der Gräfin S. in der C...gasse stehenblieb. Ich verkehrte mit ihr während der letzten Jahre, und daß dieser Verkehr nicht gerade ein reservierter war, können Sie daraus erkennen, daß wir gemeinsam Seite für Seite »*Die Prüfung des Richard Feverel*« durchstudierten. Im übrigen, Sie wissen bereits, was ich von Beweisen halte. Das folgende kann ich nur konstatieren, denn nach dem, was ich Ihnen gerade sagte, ist es mir selbst unerklärlich. Ich trat ein, wobei ich das Gefühl eines Wesens hatte, das langsam zu Stein wird. Ich bekam Angst, ob das nicht jener Fall von Apoplexie wäre, über den die Gräfin und ich uns einmal unterhalten hatten, als wir vom »*Karmesinroten Vorhang*« sprachen. Meine körperlichen Emfindungen konnten jedoch unter derartigen Umständen nur das Gefühl eines Riesen sein, der dreimal und sogar viermal so groß war wie meine natürliche Gestalt! Ich nahm mir vor, diese physische Veränderung meines Organismus mit Willenskraft zu überwinden, und wünschte mir außerdem, sofern dies mein Tod sein sollte, einen Freund bei mir zu haben, – und hastete, wenn auch mehr im Geist – denn ich hatte den Eindruck, gelähmt zu sein –, über den breiten, elektrisch beleuchteten Stiegenaufgang aus Marmor – – – – – – – – – – – – – – – –

Stimmen, das Klirren von Gläsern, Lachen. Die männlichen Stimmen überwiegen – – – – – – – – – – – –

In der Nähe dieser Stimmen und dieses überschäumenden Lebens überkam mich, ich weiß nicht, welches Verlangen, mich selbst anzusehen. Unter einer elektrischen Beleuchtung stand ein Sessel, und ich setzte mich nieder und, nachdem ich mein Gesicht abgenommen hatte, betrachtete ich es begierig: die Haut blaß, die Augen geschlossen, strähniges Haar, ein Antlitz von einem einzigen, unveränderlichen Ausdruck; ich berührte mit den Fingern – meine rechte Hand war frei – diese bleichen Wangen: sie waren kalt, ganz kalt diese Wangen, sanken unter meiner Berührung ein, glätteten sich aber sofort wieder. Mein Lebtag lang werde ich den Moment nicht vergessen, als ich mir dieser Kälte bewußt wurde –

Die Saaltür ging auf. Es wäre unaufrichtig von mir zu sagen, daß das Öffnen dieser Tür für mich mehr gewesen wäre, als nur ein Reflex in meinen körperlichen Sinnen. Auf mich zu – hier muß allerdings auf etwas hingewiesen werden: derjenige, der von oben kommt, ist, wenn es sich um einen Angriff handelt, immer dem gegenüber im Vorteil, der von unten hinaufgeht. Als sich also die Tür des Speisesalons öffnete, tritt einer der Gäste der Gräfin heraus, seine Militäruniform glänzt vor Gold, an der Seite hat er einen Säbel hängen. Obwohl wir uns auf gleicher Höhe befinden, erinnert mich sein Schritt an den Gang eines von oben Herunterkommenden. Es kam mir in den Sinn, er sei von der Kavallerie. Aber das alles war nach einigen Sekunden, das heißt bis zu dem Zeitpunkt, als ich bereits *wirklich* bedroht war – ja sogar noch in diesem Augenblick rechnete ich im Geist mit einem *Zögern* des Angreifers, sei es auch nur so kurz wie das Zukneifen eines Auges beim tödlichen Schlag, vielleicht kalkuliere ich überhaupt so – all das war wirklich nur ein Reflex in meinen *körperlichen Sinnen*. Der Gast zog seinen Säbel. Erst in den zwei Sekunden, als das gedämpfte Zischen des Stahls aus der Scheide hervorpeitschte, kehrte sich mein Geist nach außen, nicht doch, was rede ich daher, stieg aus den Schächten des Unterbewußten herauf – oder wie soll man es ausdrücken? Ich begriff auf einmal, daß *mein Aussehen diesen Herrn erschreckt:* statt eines Gesichts sieht er einen blutigen Stumpf auf mir, und es ist, auch wenn wir von der Vorsehung absehen, die sich hier offenbarte – vorausgesetzt, Leben zu erhalten hat großen Sinn, – wirklich verzeihlich, daß er mir nach dem Leben trachtet, denn ich bin überzeugt, daß unter ähnlichen Umständen jeder andere so handeln würde, wenn schon nicht *direkt* aus panischer Angst, dann aus dem natürlichen Trieb nach, sagen wir, gesunder und vernünftiger, also körperlich unversehrter Schönheit. Ich sage: auch wenn wir die *Vorsehung* außer acht lassen, denn ohne diesen Menschen (ich vergaß, lieber Gastgeber, Ihnen zu sagen, daß das Palais der Gräfin mir eine gewisse Bischofsresidenz in Erinnerung rief) und seinen tödlichen Angriff, und in jenem Moment: ich wäre heute nicht mehr am Leben! Ich würde mein Gesicht ungestört so lange betrachtet haben, bis es in meiner Hand für immer erkaltet wäre –

Ich erinnere mich, daß ich mich, als mir zu Bewußtsein kam, daß jener Herr mich sehen kann, für mein Aussehen schämte ... Ich schämte mich nicht für mein Gesicht, weil Dinge, die vom Geist bearbeitet wurden und ihre endgültige Form haben, sodaß nichts an ihnen verändert werden kann, wie zum Beispiel an antiken Marmorskulpturen – gut sind: aber ich schämte mich dafür, was kein Herz verzeihen kann, was niemand als schön bezeichnet, das heißt – aber man kann es nicht wiederholen! Blut an sich ist nur dann schön, wenn es in Rosen, im Feuer oder in Purpur verheimlicht ist.

Kann es sein, daß auch Feigheit und Unintelligenz vor Gold glänzen wie der Ruhm? Mächtiger als alles ist die Überraschung. Weil er sich nicht einmal vor mir, das heißt, vor so einem – es waren nur wir zwei da – etwas vergeben wollte, schrie er nicht jener Mann, noch machte er kehrt, obwohl ich sah, daß er es gerne getan hätte, so sehr versteifte er sich auf seine Ehre: wahrlich ein würdevoller Besucher der Gräfin S., außer der ich keine stolzere Dame kenne, sondern weil er unbedingt an mir vorbeigehen mußte, *zückte er die Waffe*. – Er hatte mich nicht erkannt! – – – – – – – – – – – – – – – – –

Ich erstarrte vor Angst, weil meine Hände mir den Dienst verweigerten, und das beim bloßen Gedanken, daß sie mir nicht rechtzeitig zu Diensten sein könnten – – Als ich schon dabei war, mir mein Gesicht aufzusetzen – alles geschah im Handumdrehen, ich darf nicht daran denken! – wurde ich von einem anderen, völlig unvorhergesehenen Gedanken niedergeschmettert: *wenn es mir nicht augenblicklich anwächst, was dann?* oder, wenn ich es *ungenau* aufsetze in der Hast? – Sprechen kann ich so und auch so: aber erstens, beginne ich, mein Gesicht noch in meinen Händen haltend, dem Offizier meine Situation zu erklären, veranlasse ich ihn, etwas zu tun, wozu ihn meine *Ruhe* und mein *Schweigen* nicht bringen müssen, denn, und das konnte ich sehen: es kam ihm nur auf die Wahrung des *äußeren Dekors* an; zweitens, einer, ich weiß nicht wie noch so intelligenten Stimme, aber *nur einer Stimme wird er nicht glauben,* diese Besonnenheit und Intelligenz besitzt er nicht: hier rettet mich nur die *Gestalt* –

Bestimmt hauchte mir ein guter Engel selber soviel Geistesgegenwart und Geschicklichkeit ein, daß ich mir in einer einzigen Sekunde mein Gesicht absolut genau aufsetzte, und jener Herr, zweifellos in der Annahme, ein Opfer seiner momentanen Halluzination geworden zu sein, steckte den Säbel in die Scheide zurück und schritt, ohne mich noch weiter zu beachten, über die breiten, weißen, elektrisch beleuchteten Marmortreppen hinab –

Der Fremde verstummte, stand auf, blickte mich lange an und sagte, aber jedes Wort dabei betonend: »Ich glaube, Sie sind der einzige Ihres Standes, der mich bis zu Ende anzuhören wußte. Erlauben Sie mir, daß ich Ihnen ein bescheidenes Andenken an meinen Besuch dalasse; ich bin zum letzten Mal hiergewesen.« Nachdem er mir das mitgeteilt hatte, überreichte er mir eine Art Dokument; sein Inhalt wird vorerst mein Geheimnis bleiben. Und wie er es mir so überreicht, bemerke ich, daß seine Hand über dem Knöchel mit einem weißen Tuch umwickelt ist. Mir ein Herz nehmend, frage ich ihn, was ihm zugestoßen sei. Und der Fremde erzählte: »Ich benötigte einen Griff für meinen Stock und hackte mir daher die Hand ab, und als ich sie auf den Stock aufsetzte, wurde mir erst klar, daß ich mir die *rechte Hand* abgehackt, mich also geirrt hatte. Um das wiedergutzumachen, schnitt ich mir unverzüglich die *linke Hand* ab, aber als ich sie schon an den rechten Ellenbogen anstecken wollte, sah ich erst, daß ich schon wieder einen Irrtum begangen hatte, weil die Linke nicht die Rechte vertreten kann. Und ich erkannte, daß *das alles*

aus dem ersten Irrtum entstanden war. Und wahrscheinlich wäre mir gar nicht zu Bewußtsein gekommen, was ich getan hatte, nur als ich mich zwei-, dreimal auf den Stock stützte – auf diesen *neuen* Griff –
spürte ich, daß die liebe Hand rasch erkaltete, und da
erschrak ich, weil es schon zu spät war, um es sich anders zu überlegen, so wie es in der Liebe manchmal zu
spät ist. Das ist das Geheimnis des weißen Tuches, nach
dem Sie mich unwissentlich gefragt haben, Herr – – – –«

Nachdem er das erzählt hatte, ließ mir der Fremde
jenes Andenken zurück und ging, traurig lächelnd, weg
in die stille Nacht, und ich, ich wußte nicht, was ich davon halten sollte.

Die Landschaft

Es war eine Landschaft gespannt wie ein Bogen, und sie hatte zwei Horizonte, und dieser Mensch sollte dort und dort hingehen, ohne zu wissen warum. Und er ging und ging, denn niemand entgeht seiner Schuldigkeit, er ging und ging, bis er in eine Stadt kam, die auf einer Anhöhe lag, genau dort, wo sich die zwei Horizonte brachen, und diese Stadt war stumm und menschenleer. Kinder gab es hier sicher nicht! Und es waren dort Türme von irgendeinem Kloster, und keine Menschenseele auf den Straßen. Er trat in ein Wirtshaus, es muß Heiliger Abend gewesen sein, das Gastzimmer war ganz leer, und düster war es, aus der Küche kam der Wirt heraus, so einer, wie sie im achtzehnten Jahrhundert waren, und das ganze Wirtshaus war still wie ausgestorben. Schnell trank er aus und ging, nachdem er gezahlt hatte, weiter, und in den Gassen war weder ein Kind, noch ein Hund, und so verließ er ohne Freude und ohne Hoffnung die Stadt und machte sich auf über die Berge auf die andere Seite. Und er gelangte in Felder, wo es weder Hasen, noch Krähen gab, denn diese Gegend war zu arm, zu hoch gelegen, und das Leben ist viel weiter unten, wo schiffbare Flüsse, Ebenen, Weizenfelder und malerische Täler sind, nirgends war auch nur ein Dorf, nur irgendwo dort in der Ferne, in Richtung seines Weges, war ein Marktflecken,

der ungefähr einen Finger breit aus der Erde hervorrag-
te. Was sollte er dort? Wie oft war er schon in seinem
Traum auf diesem Weg dahingeschritten ohne Ziel und
ohne Sinn, nur um sich die Traurigkeit und die Leere seines Lebens vor Augen zu halten! Schnell kehrte er um.
So zuckt eine Magnetnadel, die sich durch die Trägheits-
kraft zum abstoßenden Pol verlaufen hat. Und wieder
durchquerte er, verzweifelt und traurig die Stadt mit den
schweigenden Türmen des Klosters. Und auf einmal war
ein Fluß da, und es kam ihm sogar in den Sinn, Fische zu
fangen. Es verlangte ihn nach etwas Lebendigem. Und
nach etwas Schaurigem. Dieses Wasser war geheimnisvoll. Aber über diesem Fluß war ein Abhang, ein natürli-
cher hoher Damm, und als er auf ihn trat, konnte er im
letzten Moment noch wegspringen: unter seinem Schritt
war ein Stück dieses Dammes in den Fluß gerutscht.
Hier war das möglich, denn der Boden hatte Platz, um
einzusinken. Und trotzdem wunderte er sich darüber. Er
stand auf dem höhergelegenen Weg und, die Fische Fische sein lassend, wendete er sich nach Westen. Auf einem sanften Abhang immer höher und höher hinauf
breitete sich unter dem trüben Himmel eine traurige
Landschaft vor ihm aus: schwarze Flecken eines krum-
men Nadelgehölzes und Schnee. Eine Landschaft rein
wie auf einem japanischen Holzstich. Und ihm entgegen
kommen auf dem Weg zwei junge und stattliche Arbeiter
in rotbraunen Lederschürzen daher.

»Bei wem arbeitet ihr?«

»Beim Herrn Wiesenländer!«

Und da wurde er rot. Und der Blick und die Stimme

dieser Arbeiter sagten: »Wir sind aus dieser Gegend und schämen uns mit dir.« Sie blickten ihn liebevoll an, und da kam ihm auf einmal zu Bewußtsein: »Arbeiter sind Sozialdemokraten und glauben an nichts.« Und sein Mund blieb halboffen wie der Mund von Holzstatuen, und er verzog keine Miene.

Und die Arbeiter gingen weiter, und er stand da, zu seiner Linken den Westen und zu seiner Rechten den Osten. Es war einmal … Eigentlich war es Morgen, denn die Arbeiter gingen in die Arbeit – und es war wie am Abend und Dämmerung. Und zu seiner Linken auf dem fernen, entschwindenden Abhang leuchtete die Landschaft: schwarzes Krummholz und Schnee. Eine Landschaft rein wie auf einem japanischen Holzstich. Schweigsam. Milch, die vergeblich blüht. Eine weiße Frau ging hier vor langer Zeit. Und dann geschah ein Mord. Es ritt ein Hochzeitszug auf Pferden, und sie wurden überfallen und bis auf den letzten Mann erschlagen. Viele Lieder und fröhliche Stimmen wurden hier in ein paar Minuten auf ewig zum Schweigen gebracht. Die Bäume wachsen hier so langsam, daß es den Anschein hat, als ob sie überhaupt nicht wachsen würden. Mein Großvater sagte immer wieder, daß es in seiner Jugend nicht anders war.

Und da wurde ihm mit einem Mal bewußt, daß in der Stimme dieser Arbeiter ein Weinen gelegen war. Warum sollten die Arbeiter weinen? Fragte er sich laut. Und aus der Dämmerung, die sich von ihm in den Osten erstreckte, war ein Lied zu hören:

»Liebe, Liebe, Du verwünschte Blume …«

Der Abgrund meines Geburtsortes
(April 1911)

Es war am Abend in der Dämmerung am Marktplatz in meinem Geburtsort. Dort befand sich ein Abgrund, aus dem ein magisches Licht hervorkam. Ein magisches, sage ich, denn es war nicht das Licht der Sonne und auch nicht des Mondes, es war ganz und gar kein überirdisches Licht, sondern eher eines, wie ich es mir in Vělička *vorstelle*. Dieser Abgrund war entweder bodenlos oder wie bodenlos. Ja so, als ob sich ein unendliches Königreich dort befände ... In diesem Königreich lebten fürchterliche Geisteswesen, die nur beherrschten, was dort hineinfiel ... Wesen, die ich nicht sah, aber von denen ich mir, leider, eine sehr genaue Vorstellung machen konnte: von ihrer Größe und Macht und ihrer Bösartigkeit. Weil ich ihre Körper nicht sah – kennt ihr Maeterlincks Drama »Der Tod des Tintagiles?« ... Ein Meuchelmord ist schrecklicher als ein anderer Mord. Die Maske des Mörders verdoppelt die Qualen des Ermordeten. Und wenn diese Maske ein *Schweigen* ist, und das Mordwerk *mehrere Sachverständige* hat (so viele Sachverständige zum Beispiel wie es an einem menschlichen Körper Glieder und Organe gibt) und außerdem *soviele* (ebenfalls schweigende!) *Zuseher,* wieviele für einen (unterirdischen) Horizont *unerbittlich bestimmt* sind – können wir uns annähernd das Grauen und die Gräßlichkeit solcher Qualen vorstellen ..., besonders wenn das *Opfer* an diesen Orten und in jenem magischen Licht von einer (hinsichtlich der ewigen Langeweile) so *kostbaren* Seltenheit ist, wie jenem evangelischen Reichen ein Wassertropfen in der Hölle vorgekommen ist.

Sie trugen, glaube ich, jenes bläuliche Kleid wie beim letzten Mal. Die Farbe, erinnere ich mich, entsprach irgendwie dem sonderbaren Licht, das sich auf den Wänden des Abgrundes widerspiegelte. Dieses Blau ist, bei näherer Betrachtung, einem stählernen Panzer nicht unähnlich, und erst in diesem Moment begreife ich, warum es die Kirche für den Advent und die Fastenzeit ausgewählt hat ... Allerdings, sie war dabei hoffnungsvoll, die Kirche, und mischte etwas Rot bei ...

Ihre Farbe, so *passend* zu Seele und Körper – wie ich jetzt begreife – war gut gewählt.

Zweimal haben Sie sich in diesen Abgrund gestürzt: bei Einbruch der Dunkelheit, vor unseren Augen (außer dem Ihnen bekannten Fräulein L. waren nur noch meine Verwandten zugegen), und als ob Sie in der unendlichen Tiefe jenes unheimlichen Lichtes auf etwas, was zurückfederte, gefallen wären, waren Sie in einer Weile wieder heroben, das heißt am Rande des Abgrunds. Obwohl Sie kein Wort sprachen, kehrten Sie noch schweigsamer und an Körper und Seele noch zarter zurück, und, was mir jetzt merkwürdig vorkommt: keiner von uns fragte Sie, warum Sie das tun ...

Als Sie sich aber zum zweiten Mal aus der Tiefe an die Oberfläche heraufgeschwungen hatten, setzten Sie sich am Rande des Abgrunds nieder, der aus grünem Rasen war und nur knapp bis zur Taille ungefähr über die Erde ragte – Sie nahmen Platz, wie Damen auf dem Pferd zu sitzen pflegen, und über den Abgrund gebeugt, blickten Sie uns an, aber so, als ob Sie nicht so sehr hinaus als hinein, also nicht so sehr auf uns als auf Sich blickten – und diese gebeugte Haltung von Ihnen und dieser Ihr geheimnisvoller Blick sagten: »Ich weiß nicht; ich bin erschöpft, glaube ich.« Wenn mir das zu Bewußtsein gekommen wäre, dann hätte ich wahrscheinlich verstanden, was es bedeutet, den Willen der Seele und auch des Körpers zu erschöpfen.

Auf Ihre gebeugte Haltung und auf Ihren Blick hat keiner von uns geantwortet, (wir waren auch nicht nahe genug bei Ihnen, aber ich war am nächsten), ja sogar, wenn Zeit gewesen wäre, daß ich Sie etwas hätte fragen können, dann hätte ich Sie wahrscheinlich gefragt, ob nicht vielleicht noch etwas anderes der Grund für Ihre Tapferkeit war als Ihre Tapferkeit, oder die Tiefe dieses Abgrunds ... Die Tiefe dieses Abgrunds muß ich sagen und kann nicht Tapferkeit sagen, weil Ihre Taten und Ihr Verhalten so *Ihnen ähnlich* und so sehr das Aussehen des *Heldentums* waren, daß es schon im voraus vergeblich erschien, nach dem *äußeren* Grund Ihrer Handlung zu fragen ... Als ob Sie in dieses schreckliche Licht einzig und allein nur wegen der Lust an der Tiefe und der Gefahr gesprungen wären. Ich sage, *als ob,* denn aus dem besagten Blick von Ihnen las ich in mir selbst diese angstvolle Bitte heraus: »Du verschonst mich also nicht?« »– – –«. Ich, ich antwortete überhaupt nicht! Und da – ach, wie ich das bis heute vor mir sehe! – *traten* Sie auf diese Stelle, wo Sie sich keine paar Sekunden lang ausgeruht hatten, und, als Sie sich hingestellt hatten (ganz in sich versunken –: vielleicht, damit es keinen anderen betreffen sollte?), sprangen Sie zum dritten Mal hinunter …

In dem Augenblick, als meine Angst um Sie entstand, das heißt, in dem Augenblick, *als ich Sie schon nicht mehr erwartete* (denn Sie hätten bereits wieder heroben sein müssen!): waren alle wie verschwunden, und ich sprang zu dem Abgrund hin, und aus seiner untersten Tiefe tönte eine Stimme zu mir:

» HILFE! HILFE! HILFE!«

Diese Ihre Stimme war so herzzerreißend, so angsterfüllt, so hoch und mächtig, als ob sich in ihr aller Schmerz der Musik verkörpert hätte … Und als ob sich alle Musik in einen einzigen Schrei verwandelt hätte … Und als ob dieser Schrei aus einem durchbohrten Herzen hervorschießen würde, das noch nicht ausgeblutet ist …

Oh, was tun mit diesem Körper!!

* * *

Anmerkung: » Am Todestag von Jules Barbey d'Aurevilly, das heißt am 24. April 1911. Ich habe Angst, daß Ihnen etwas zugestoßen ist. In dieser Nacht auf den Gründonnerstag hat mir von Ihnen so geträumt … Soll ich es Ihnen erzählen?«

(1913)

Der Himmel glitzert vor Milch

Rund um die Sonne im reinen und großen Himmelsgewölbe bilden Milliarden von Engeln ein Mosaik, sie haben keine Körper, nur Köpfe und Flügel, und uns scheint, daß sie dicht nebeneinander stehen, und uns scheint, daß das azurblaue Firmament mit glitzernder Milch besprengt ist, aber sie sind nicht dicht nebeneinander, es kommt uns nur so vor wegen der großen Ferne: sie sind nach dem Maß der Sehnsucht voneinander entfernt, was das Maß aller erschaffener Dinge ist, was also die Entfernung eines Lebens vom anderen Leben ist, zwischen mir und dir, zwischen dir und dem dort drüben, zwischen dem dort und jenem dort drüben, und sie berühren einander nicht einmal mit den Flügeln, berühren sich gar nicht mit den Flügeln, obschon es nicht den Anschein hat, und sie sind auch nicht in Ruhe und sie sind auch nicht an einer Stelle, wir werden nur von dieser großen Anzahl getäuscht, ihre Bewegung ist wie die Bewegung von Himmelskörpern: um eine Achse und um die Sonne, allerdings entspricht auch diese Definition nur unseren irdischen Vorstellungen, das heißt unserer Sicht, die in die Ferne niedersinkt, sinkt und sinkt, bis sie einen Kreis unserer Verzauberung schafft, aber die Engel kennen den Kreis nicht, sie können nicht zurückkehren, und ihre Wege sind gerade, und ihr Flug gleicht dem Flug der Habichte, wenn sie nicht mit den Flügeln schlagen, ihre Bewegung ist der Wille, die Bewegung der Engel, so wie die Tauben in ihre hohlen Knochen Luft einlassen und sie nach Bedarf unsichtbar auslassen, und ihr Flug wird von drei Dingen gelenkt: vom Wind, der Trägheit und der Sehnsucht, Gottes Wille und die Freude ist ihre Last – nur daß die Engel in der Nacht das Geheimnis unserer Leben aufpicken, und uns kommt am Morgen vor, daß wir erschöpft sind, und manchmal wiederum, daß wir vom Schlaf gestärkt sind – und ihre Gedanken, was dasselbe ist wie ihr Leben, gehen in unserer Atmosphäre langsamer, so wie der Mensch im Wasser langsamer geht als in der Luft, und das Licht, das sie hinter sich zurücklassen, ist eigentlich eine Illusion, dem Schweif eines Meteors ähnlich, dessen Kern uns verborgen bleibt seiner Glut wegen, seiner Geschwindigkeit wegen und vor allem deswegen, weil wir uns so schwer von unserer alten Sicht losreißen und weil wir so gerne in Erinnerungen schwelgen. Für Gott und für seine Engel gibt es überhaupt keine Erinnerungen!

Nicht nur eine unselige Erinnerung, sondern auch eine gute Erinnerung ist eine einzige Quelle von Leiden auf dieser Welt! »Verzeih, ich will nicht beichten, ich will mich nicht von meiner Last befreien!«

So sagte ich zu dem Geist, der mir am Gedenktag eines bestimmten Todesfalles erschien, und er gab mir zur Antwort: »Phantom eines Phantoms!« Und ich war betroffen, und schau an, ich erblickte eine begehrenswerte und schöne Frau, daß es mir an Worten mangelt. Es ist erstaunlich, mit welch vollendeter Urteilskraft unsere

Augen ausgerüstet sind! Ihr Gewand fing auf ihr Feuer. Und wie ein Baum in Blüte war sie. Die Welt ist gemein. Und sie legte alles ab: die Kleider und auch den Körper. Mehr kann man nicht geben, mehr kann man nicht nehmen.

Der Himmel glitzert vor Milch, die Sonne scheint, die Blätter fallen ab, die Föhren leben auf, und ich erwarte den Tod, der nicht kommt.

(1923)

Miriam

Soviele Leben, soviele Wege.
Ich ging hinaus im Morgengrauen,
wo die Sonne noch hütet
ihre Frohbotschaft.

Und ich bin Ihnen begegnet.
Schwarz das Gewand, der Schleier weiß.
Schritt und Bewegung ein Zauber an Kraft
und schmerzlich die Stimme.

Ein Strahlenbündel aus einem Taudiamanten?
Zwei Augen sind es im Morgengrauen,
die ihre Freude mit mir behüten
mit einem Tränenschleier.

(1916)

Die Burg des Todes

Vielleicht steht jener innere Impuls unter uns unbewußter Leitung prophetischer, beim Erwachen vergessener Träume, die eben dadurch unserem Leben die Gleichmäßigkeit des Tones und die dramatische Einheit ertheilen, die das so oft schwankende und irrende, so leicht umgestimmte Gehirnbewußtseyn ihm zu geben nicht vermöchte und in Folge welcher z. B. der zu großen Leistungen einer bestimmten Art Berufene Dies von Jugend auf innerlich und heimlich spürt und darauf hinarbeitet, wie die Bienen am Bau ihres Stocks. Für jeden aber ist es Das, was Baltasar Gracián la gran sindéresis nennt: die instinktive große Obhut seiner selbst, ohne welche er zu Grunde geht.

Arthur Schopenhauer

Heute in der Nacht träumten mir mehrere Träume, unter anderem folgendes: Auf meiner Reise durch eine ländliche Gegend kam ich in eine größere Gesellschaft von Theologen und anderen Leuten in einem geräumigen und übergangshaften Raum. Ich sage deswegen »übergangshaft«, weil ich den Eindruck habe, daß er im Grunde jenen Räumen nicht unähnlich war, durch die »Der Stallmeister und der Scholar«, reiferen Jahren und Taten entgegen, hindurchgingen. Er strahlte wirklich etwas mittelalterlich Behagliches aus, etwas aus jener Periode der Menschheit, in der der menschliche Geist noch nicht vom Rauch der Fabriksschlote und von den Tugenden des zwanzigsten Jahrhunderts verfinstert war.

48

So eine Frühlingsstimmung schwebte über dieser Gesellschaft, obwohl Sommer war, wahrscheinlich das Monat meiner Geburt, und ich würde sagen, daß ein südslawischer Geist dort herrschte, der mich im übrigen, außer wenn ich schlafe, durch seine viel zu rasche Auffassungsgabe bedrückt. Umgekehrt aber läßt sich nur in der Atmosphäre dieses Geistes mein, wie ihr sicher sagen werdet, komischer Traum erklären.

Durch die Hände der anwesenden jungen Leute zirkulierte irgendeine Zeitschrift theologischen, poetischen, philosophischen und – diversesten Inhalts. Diese Zeitschrift hatte das Format der Erstausgabe von Březinas Buch »Morgendämmerung im Westen«, ja sogar der Einband war gleich!

Dieses Organ war erfüllt vom schönen Feuer der Jugend, alle Zeilen und Seiten brannten mit einer hellen Flamme, die nur deswegen nicht versengt und verwüstet, weil nichts so unklug wäre, sich ihr, die Freiheit mißgönnend, in den Weg zu stellen. Es brennt unter freiem Himmel und an einem klaren Sommertag, an dem die Flammen gar nicht richtig zu sehen sind, und wo nur in ihrer nächsten Nähe um sie herum ein, auch nur durch sie erzeugtes, Lüftchen weht.

Der Umfang dieser Revue war für ihren feurigen freien Geist so schmal, daß selbst jeder kleine Fleck auf dem Umschlagblatt mit Text ausgefüllt war, ja der Text schien sogar rund um dieses Heft weit hinauszulodern, als ob es einen Astralkörper, oder wenigstens eine Aureole hätte.

Auf der anderen Seite des Umschlags befand sich die

Fortsetzung irgendwelcher Geistesblitze über die neueste Produktion tschechischer Dichter, und in den letzten beiden Zeilen eines langatmig leidenschaftlichen Satzes stand eine Beurteilung meines Werks, oder vielleicht war es der Schluß dieses Urteils und es lautete folgendermaßen:

»und es ist auf einmal merkwürdig, daß er seine Heimatgegend duzt!«

In Tasov, am 2. Juni 1914

---

* Der tatsächliche Name lautet Hortense Lepaute (d. Übers.)

Die Burg des Todes

Ein Licht stirbt durch das Nahen eines noch größeren, noch größeren Lichts. Nur jene, die in dieser Zeit und für diese Zeit leben, können es mir verübeln, daß ich das Geheimnis dieses Fundes in mein Testament versiegelt habe, und es erst nach meinem Tod aufgedeckt werden wird. Ich tue das nicht aus Angst vor der Wahrheit, sondern aus Liebe zum Leiden, die mir, wahrscheinlich aus Gründen, die mit meiner Volksangehörigkeit zusammenhängen, irgendwie angeboren ist. Damit dieser Satz verstanden wird, ist es notwendig, Eure werte Aufmerksamkeit darauf zu lenken, daß die Wahrheit immer Schmerz einbringt, ein verheimlichtes Wort jedoch eine ungeteilte Last bleibt. In dem Text, den ich an dieser Stelle der Öffentlichkeit (und nicht nur der heimischen) übergebe, kommen gewisse Umstände vor, die evident, oder wenigstens plausibel, sind, zum Beispiel irgendein Jahr, einzelne Tage, und vielleicht ließen sich auch, entweder durch einen öffentlichen Aufruf oder ein sorgfältiges Studium von Generalkarten, die Orte des Vorgefallenen näher bestimmen, aber das alles bedeutet herzlich wenig für einen, dieses Namens würdigen Geist, einen erhabenen Geist nämlich, der weit davon entfernt ist, die Geheimnisse einer anderen Welt auf das Prokrustesbett des gesunden Menschenverstandes zu legen, weil das einzige irdische Gewicht und Maß, nach dem die Größe und die Qualität dieser Erscheinungen einigermaßen eingeschätzt werden können, ein unverdorbenes Herz und ein reines Inneres sind.

Ich selbst habe dieser Begebenheit einen Titel gegeben, indem ich sie »*Die Burg des Todes*« nannte, und ich bitte, das richtig zu verstehen: das Leben an und für sich besitzt keine Überschriften! Nur die Wissenschaft bezeichnet Dinge und Naturerscheinungen mit Namen, damit sie von ihr abgehandelt werden können, und wer sich – was heute rar ist – mit Wissenschaftsphilosophie befaßt, dem wird nicht verborgen bleiben, daß viele Namen, viele wissenschaftliche Bezeichnungen reichlich zufällig, ungenau oder auch unrichtig sind, entweder weil wir sie einfach übernommen haben, oder weil sie nicht aus wissenschaftlichen, sondern aus privaten, persönlichen Gründen entstanden sind, wie zum Beispiel (wissenschaftliche Pleonasmen entlocken fortgeschritteneren Lesern nicht zu Unrecht ein Lächeln, ihresgleichen mögen jedoch bedenken, welche Entfernung von einem geliebten Gegenstand und welche Einsamkeit folglich notwendig sind, damit ein gutes Lächeln hervorsprießen kann) der botanische Name der Hortensie, der nicht vom lateinischen hortus, was Garten bedeutet, stammt, sondern vom Eigennamen Hortensie Barré*, die, als Jäger verkleidet, Commerson auf seinen Reisen durch fremde Länder begleitete. Wir haben nichts dagegen, daß eine Blume den Namen und damit irgendwie das Andenken an eine liebe Person trägt, besonders wenn die griechisch-lateinische Bezeichnung »Hydrangea opulodes« eine, um nicht gerade zu sagen, lächerliche Feststellung von etwas ist, was immer konstatiert werden kann, daß nämlich eine Pflanze viel Wasser aus dem Boden aufsaugt, und ihre Samenkapsel einem kleinen Gefäß ähnelt, und ihre Blüten an die Blüten des Schneeballstrauchs erinnern – wissenschaftlich ist das aber nicht. Soviel zum *Titel* der »Burg des Todes«.

Der *Ort,* wo ich diese Handschrift fand, wird in meinem Testament näher festgelegt, aber selbst dort gebe ich ihn nur aus Liebe zur Wissenschaft preis, und nur den Vertretern dieser Disziplin wird er verraten werden.

Die Erscheinungen der anderen Welt sind ähnlichen Gesetzen unterworfen wie die Erscheinungen dieser Welt, weil es im Grunde eine Welt ist, und diese Natur, diese Zeit sind, wie schon ein Apostel sagt, ein *Spiegel* und ein Gleichnis. Ich unterstreiche das erste Wort, weil das zweite Wort – ja, die Sprache wechselt ihren Kurs wie das Geld – in uns, wenn auch fälschlich, die Vorstellung von etwas Unwirklichem erweckt. Einzig und allein nach dieser Erläuterung wird man das Weitere verstehen können.

Die Handschrift der »Burg des Todes« fand ich am 7. *Mai* des heurigen Jahres. Der Tag und die Zeit waren gewissermaßen, wie ich sie liebe, ich befürchte jedoch, daß das ungenau wäre, weil die Stimmung eines Menschen nicht nur von dem abhängt, was er kennt, sondern nicht minder auch von dem, was ihm begegnet. Das erste Frühlingsgewitter war vorbei, gekommen war es gegen fünf Uhr Nachmittag. Es hellte nicht auf, aber die Luft wurde etwas kühler, und das Licht, das samt seinem Feuerschein am Himmel verschwunden war, strahlte aus der Erde heraus, und man hatte das Gefühl, in einem Bad zu sein. Ich war völlig allein. Wenn von Freund, oder Bruder, oder Schwester die Rede ist, dürfen wir nicht glauben, daß damit immer ein Schutz oder ein Zeugnis gemeint ist. Augenblicke, die in Zeit und Raum dem Ruhm, oder der Angst, vorbehalten sind, sind Momente der völligen Isolation.

Endlich war ich in meinem Arbeitszimmer. Es war schon Nacht. Ich öffnete das Fenster. Das Gewitter war längst abgezogen, feiner Regen fiel herab, und es war windstill. Die Regenfäden, die in einem zarten, aber unaufhörlichen Rhythmus in der Mainacht zwischen Himmel und Erde vor meinem Fenster schwangen, waren so, als ob sie in einen unsichtbaren Rahmen eingespannt wären und als ob sie in unsichtbaren Händen vibrierten, oder als ob jemand unser Haus in der richtigen Entfernung des großen, ein vertrautes Lied summenden, Musikinstruments der Natur erbaut hätte, – nicht widerstehen könnend, blickte ich in diese stille Nacht hinaus, und meine Seele sagte: Das sind nicht Wolken, wie sie sonst waren; schwarz, hart, mitleidslos; sondern sie ziehen über die Erde wie Engel in geheiligten Nächten, wie ein stilles Lachen in der Brust unter gefalteten Händen, und wie eine Freudenbotschaft aus der Ferne. Die vom Gewitter in den Schoß der Erde hinuntergestoßenen Stimmen und Gesten steigen auf in die Knospen unter die Schutzhaut der Rinde, und hauchen, an ihrem Ziel angelangt, ihre versteckte Sehnsucht auf die Brust der Mainacht ... Die Illusion, daß alles physische und geistige Leben sich vegetabilisiert hätte, um den Segen dieses himmlischen Taus empfangen zu können, war so mächtig, daß ich Lust bekam, hinauszugehen, um zuschauen zu können, wohin die Wolken zogen, und um ein paar Tropfen von oben auf meiner Handfläche einzufangen.

Es wartete allerdings eine wichtige Arbeit auf mich: die Handschrift der »Burg des Todes«, die ich gefunden hatte, zu untersuchen. Ich schloß daher das Fenster und machte mich ans Werk. Dabei konstatierte ich:

1. fehlt die Paginierung;

2. ist die Handschrift an einigen Stellen durch Witterungseinflüsse unleserlich;

3. sind Religionsbekenntnis und Nationalität des Schreibers nicht genau zu ermitteln;

4. ist der Verfasser tot.

Einzelne Details dieses Fundes, die entweder zu mysteriös oder zu entsetzlich waren, ermüdeten mich dermaßen, daß ich mich entschloß, erst am nächsten Tag dieses Studium fortzusetzen. Nachdem ich also die Lampe gelöscht hatte, begab ich mich zu Bett.

Ich weiß nicht, wann ich eingeschlafen war, oder wie lange ich geschlafen hatte, weil es nicht meine Gewohnheit ist, vor dem Schlafen auf die Uhr zu schauen, im guten Wissen, daß die Vorstellung einer konkreten Zeit der geistigen und auch der körperlichen Entwicklung abträglich ist.

Ich erwachte durch ein merkwürdiges Gefühl. An der Oberfläche meines Körpers spürte ich (trotz der Bettdecke), daß jemand sich mir näherte. Da keine Schritte dabei zu hören waren, packte mich die Angst, und ich machte erst nach einiger Zeit die Augen halb auf. Aus der Ecke, in der mein Kleiderkasten steht, kam eine finstere Gestalt auf mich zu. Aber nicht plastisch, sondern wie ein Schatten, der deswegen jedoch nicht weniger fürchterlich und mächtig war. Den Kopf konnte ich gut erkennen, auch den Rumpf, aber die Arme waren, obwohl sie ausgebreitet waren, nur halb so lang wie die Arme eines Menschen, und die Beine sah ich gar nicht, teils weil es am Fußboden völlig finster war, und dann auch deswegen, weil ich ein höheres Bett habe. Die Erscheinung war so unheimlich, daß ich vor Entsetzen wie gelähmt war, aber trotzdem nicht so sehr, daß auch mein Geist befangen gewesen wäre; dadurch wurden mir die beiden folgenden Dinge klar, deren ich mir vorher nie bewußt gewesen war:

1. daß der menschliche Körper auf den Achsen des Kreuzes ruht;

2. daß, unter gewissen Umständen die Augen zu schließen, eine Beschleunigung und Vollendung sowohl des physischen als auch des moralischen Zusammenbruchs bedeutet!

Als mein Entsetzen und meine Angst schon am Höhepunkt angelangt waren, als jene undefinierbare Erscheinung schon dicht neben meinem Bett »stand« und (immer noch stumm!) ihre Armstummel nach mir ausstreckte: da schloß ich die Augen und stieß einen Schrei aus, aber so, daß beides gleichzeitig geschah, wie sie aus dem von mir sub 2.) Gesagten verstehen können. In mein Schlafzimmer kam mein Bruder mit einem Licht herein und fragte, was mit mir los sei, weil ich angeblich geschrien hätte. Ich beruhigte ihn, indem ich ihm sagte, daß mir von etwas geträumt hätte ... Der Bruder bemerkte etwas von nervlicher Überanstrengung, was eine Anspielung auf meinen Beruf sein sollte, und ging wieder weg. Ich hatte den Wunsch, ihn zurückzuhalten, und wollte ihn bitten, zu bleiben, tat es jedoch nicht aus der Befürchtung heraus, daß ich ihm dadurch etwas zu verstehen geben würde, was kein Mann sagt.

Für Dich, geneigter Leser, und für Sie, liebe Leserin, möchte ich noch soviel hinzufügen, daß das alles in der Nacht nach dem Fund der »Burg des Todes« passierte. Am nächsten Morgen nahm ich eine Intention für eine Seele, derer keiner gedenkt, denn – so sagte ich mir – wenn du das nicht tust, wer sonst soll die Kraft dieser Aufforderung verstehen: Oh betet, Freunde, für die hilflosen Seelen, oh betet flehentlich für die VISIONÄRE DER NACHT!

15. Juni 1912

Warum ist diese Gegend so hoffnungslos für mich? sagte ich mir im Geist, als ich im Herbst vorigen Jahres, begleitet von Herrn F. aus T. in Richtung M. ging. Damals wußte ich keine Antwort auf meine Frage, vielleicht auch deswegen, weil wir, um uns den Weg zu verkürzen (und auch aus einem anderen Grund heraus) ziemlich viel redeten. So manche Trauer, im übrigen, ist wie auswegslos. Die Trauer mancher Landschaft zum Beispiel, und zu irgendeiner Jahres- oder Tageszeit. Heute verstehe ich das natürlich. Vor elf Jahren, ebenfalls im Herbst, ging ich auf dem gleichen Weg mit meinem ältesten Bruder. Damals sprach er, der erstgeborene unseres Hauses, zum ersten Mal mit mir wie mit einem ihm ebenbürtigen. Sicher, ich hatte nur noch neun Monate zur Matura, trotzdem war ich aber außerordentlich darüber überrascht. Ich hatte mich daran gewöhnt, daß man mich nicht beachtete; oder eigentlich: die Augen waren mir aufgegangen, und ich sah alles anders. Heute verstehe ich das natürlich, weil mir sogar rätselhaftere Dinge verständlicher sind. In den Lebensbeschreibungen begnadeter Auserwählter kann man lesen, daß sie auf die Frage, ob sie schon im Himmel bleiben oder noch in menschlichem Körper auf der Erde leiden wollen, zur Antwort gaben: Auf der Erde in einem Menschenkörper leiden. Als wir uns der Stelle näherten, wo wir uns trennen sollten, brachte mir mein Bruder bei, daß ich Priester werden müßte (aber etwas Ähnliches hatte ich schon geahnt, weil in unserer Familie noch keiner dem anderen seine Liebe so zum Ausdruck gebracht hatte, Landmenschen tun das nur in Momenten eines großen Unglücks); ich sah die Zukunft unseres Hauses und daher auch die meine ebenso unabwendbar traurig wie die Vergangenheit. Wie konnte er es wissen? (Kristalle, war auch für euch schon einmal eine *Schwester* die Achse eines unerwarteten Gebildes?) Oder liebte er sie ebenso wie ich? Wir liebten sie alle, sie war gleichsam unsere gemeinsame Erinnerung an unsere verstorbene Mutter. Obwohl sie seit ihrem fünften Lebensjahr unheilbar krank war, oder gerade deswegen, trug sie das heilige Geheimnis unseres ganzen Hauses. [Wir können nur um den Preis der Revolte glücklich sein.] Sie als einzige schwieg am gekonntesten über ihre Schmerzen, bewahrte sogar vollkommenes Schweigen darüber, weil sie gar nicht begriff, daß man über solche Dinge auch manchmal reden darf. Als ich sie einmal leise schluchzend überraschte, fragte ich sie, vor ihr niederknieend und ihre kleinen, ungewöhnlich mageren Hände nehmend, mit denen sie ihre Tränen abwischte und ihre Augen bedeckte, was ihr zugestoßen sei. »Hat sie dich geschlagen?« sagte ich und schmiegte mich an sie. Auf dem Boden lag ein Büschel flachsblonder dünner Haare. »Na sag schon, hat sie dich geschlagen?« – »Mir fehlt nichts«, antwortete sie und rang sich mit ihrem ganzen Wesen ein Lächeln der Zufriedenheit ab, und ich erkannte, daß ich ihr mit meiner Frage einen weit größeren Schmerz zugefügt hatte, als es der war, den ich »vermutet« hatte. Ihr geheimster, und ich gehe dabei absolut nicht fehl, wenn ich sage, ihr größter Wunsch war, daß ihr niemand Aufmerksamkeit widmete. Ich schämte mich vor ihr nicht nur meiner Frage wegen, sondern auch für mich. Heute verstehe ich das natürlich, weil mir sogar rätselhaftere Dinge verständlicher sind: selig die Hände, die ihr feines Haar kämmten, und selig die Momente, in denen sie ihre kindlichen Tränen vergoß, mein Gott!

Was das heißt, wenn ein Kind sein Schreien unterdrücken, aber nicht seine Tränen zurückhalten kann? Es ist die Lese der Beeren des Himmels, es bedeutet Leiden ohnesgleichen, weil Leiden der Liebe, denn Tränen sind das letzte Zeugnis des Bösen, unüberwindlich, und sie sind, leider, auch das letzte, unabwendbare, Aufgebot der Grausamkeit.

Kennt ihr das Lied des Glücks? Sofort werdet ihr eure Augen zum Himmel auf die trillernden Vögel, auf eine kleine weiße Wolke, die im Azur thront, und ich weiß nicht, worauf noch richten. Ich, ich steige durch die Finsternis in einen Keller hinunter: wer dort ist? Kein Kaufmann, der die Fässer mit Alkohol und Petroleum wartet, deren vertrauter Geruch mich umweht. Ich bleibe auf den steinernen Treppen stehen. Ach, dieses Lied! Bin ich der Auserwählte? Gott ist Güte, daher schenkte er dieser armen Seele eine Stimme, damit sie um Hilfe rufen kann. Gott ist Gerechtigkeit, daher muß dieses Stimmchen gefunden werden, daher ist es notwendig, unter die Erde hinabzusteigen. An mir und an vielen aus unserem Geschlecht vollzieht sich die Gerechtigkeit. Bin ich dieser Auserwählte? Wer ist es, der da singt in den Grundmauern unseres Hauses? Keine arme Seele aus dem Fegefeuer war es, es ist meine kleine kranke Schwester: eine brennende Kerze neben sich hingestellt, kauert sie da und kramt in etwas herum. Das wäre nicht so schlimm, weil dieses Kind vom frühesten Morgen bis tief in die Nacht ständig herumwerken muß, ja ich wage sogar, sämtlichen ärztlichen und vormundschaftlichen Autoritäten zum Trotz feierlich zu behaupten, daß gerade ein Kind, obwohl es den Schlaf am meisten braucht, trotzdem von allen Lebensperioden am wenigsten schläft, sodaß ich die plötzlich auftretende Wachstumshemmung bei meiner Schwester einzig und allein dem Umstand zuschreibe, daß sie schon jahrelang nicht geschlafen hat, aber zum Glück hat der, der klein ist, auch geringe Bedürfnisse. – Aber, wie ich sagte, ist das alles keineswegs verwunderlich, während mich bis zum heutigen Tag, und noch nach so vielen Jahren, der Gedanke daran in Staunen versetzt, daß meine Schwester gesungen hat! Und nicht oben im Sonnenlicht, sondern tief unter der Erde, im Kellergewölbe eines Kaufmannsgeschäfts, beim Licht einer Kerze und in der Gewißheit, daß sie niemand hört. Nicht einmal das würde mich schließlich überraschen, vor allem, wenn man sich wegdächte, daß man der Bruder ist; was aber wirklich niederschmetternd ist, das ist der Umstand, daß sie sang, obwohl sie niemals singen gelernt hatte, und obwohl in diesem Haus und von dem und dem Tag an, als sie fast noch ein unmündiges Kind war, überhaupt nie gesungen wurde, und sie außerdem nie das Haus verließ: wenngleich unter der Erde, wenngleich ohne Zeugen und wenngleich nur ein einziges Mal in ihrem Leben – sie sang! Nur einmal, behaupte ich, weil ich mir sicher bin, daß sie von dem Zeitpunkt an, als sie dabei – wenn auch nur von einem Bruder und und wenn auch nur von mir – ertappt wurde, niemals mehr gesungen hat. Oder, was weitaus schrecklicher ist, und bei einem Kind, wenn auch noch so frühreif und erfahren: sie sang danach noch öfter, ihre Einsamkeit vorschützend. Ihre Seele war sicherlich dazu imstande, uns diesen Trost zu gönnen, an den sie selbst wohl schwerlich glaubte. Unerschöpflich ist der Erfindungsgeist der Liebe.

Sie sang also ... Es war das Stimmchen eines gewaltsam geblendeten Hühnchens, das man jedoch am Leben gelassen hat: mitten im Hof steht es alleine, nur von der Angst gelenkt, da, und wir Menschen haben nicht den Mut, es vom Leben, von einem solchen Leben zu befreien, aber auch nicht genügend Zeit, um bei Tag und bei Nacht immer bei ihm zu sein ... Es war das Stimmchen einer kleinen Quelle, scheu hervorgelockt in einer Rasenmulde im Wald, auf einem abgebrochenen dünnen Zweig, während hoch oben der Busen der Kiefern in der Sonne badet. Ein Stimmchen, das einzige Blümchen, ein Gänseblümchen zwischen den Fingern von Waisen. Das einzige winzige Licht, das herumgeht im Wurzelwerk der Nacht und blinkt.

Das Gesetz ist hart, Schuld ist noch härter: ich habe mich damals nicht erhoben, um dich aus dem Schlupfloch der Angst, selbst für Tiere schrecklich genug, wegzutragen in ein Land der Gutherzigkeit und Schönheit, aus dem wir, oh Schwester, vertrieben sind!

Das alles war ein Gleichnis – für mich. [*Anmerkung des Herausgebers:* Ich weiß nicht, ob hier oder an einer anderen Stelle ein Papierfetzen einzuordnen ist, auf dem ich diese rätselhaften Worte fand: Und ausgerechnet auf Seite 33! Was muß das für ein Mensch sein, wenn seine Zeichen so deutlich sind! Ich bin 33 Jahre alt! Im gleichen Alter ist auch meine Mutter gestorben! »Und sie wiederholte die Worte des Arztes wie ihre eigenen langjährigen Beobachtungen ...« Ist nicht gerade *er* dieser Baum, in den meine Seele eingeht, wie geschrieben steht: »Am Tag lebendig mit dir im Haus, ist ihre Seele in der Nacht in einem Baum?« – Wie ich bereits erwähnte, ist diese Angelegenheit rätselhaft, und zwar umso mehr, als jenes Zitat aus »Notantur Lumina« stammt, weil das Buch jedoch vergriffen ist, und ich kein Exemplar bei der Hand habe, ist es mir unmöglich, herauszufinden, was der Schreiber wohl mit dieser »Seite 33« gemeint haben kann. Und wie hängt das alles zusammen? Und was soll dieser Satz aus der Ballade? – *Ende der Anmerkung des Herausgebers.*] Aber Blut haben wir nicht vergossen. Nichts haben uns die Schulen beigebracht. Wir wurden auf ganz andere Dinge vorbereitet, auf Dinge, die uns nicht schaden konnten! ...

Der Bruder, wie ich erwähnte, der erstgeborene unserer Familie, sagte, als er mit mir auf der Weggabelung stand: »Ich glaube dir, es ist schwer« (und dabei hatte ich gar keinen Einwand gegen ihn erhoben! –), »aber denk daran, was aus Helenka wird ...« So sprach er zu mir, wo ich doch nichts gesagt hatte! Ich weiß nur soviel, daß ich in diesem Augenblick unendlich traurig war; desto trauriger, umso weniger ich in diesem Alter von allem verstehen konnte. Später, gewiß, da verstand ich, weil mir sogar rätselhaftere Dinge verständlicher wurden.

Natürlich, meine Schwester Helenka, wenn sie *so* das Opfer gewesen wäre, daß ich der einsame Opferpriester gewesen wäre – aber mein Bruder hatte recht, auch wenn er es nicht gewußt haben sollte! Buße muß man üben, Elsa, und der schönste Beruf kann dadurch vollkommen werden. Du wirst sehen. Mein Leben wird ein unfreiwilliges Paradoxon sein, welches es überall anders gewesen wäre: das Höchste werde ich mit dem Niedrigsten vereinen, und immer wird meine Freude geteilt sein, und beides würde nicht akzeptiert werden, außer von Gott und von Dir, aber Gott ist stärker als ich – nein – ist unser Verhältnis zu ihm nicht wie das eines Menschen zu einem Zugtier? Ist ein Pferd nicht stärker als wir?

Kennt ihr diese Legende? Es waren drei Brüder: Svetimír, Krunoslav und Živan. Ohne es zu wissen, bewirteten sie den Engel Raguil, der sich vom Herrn erbat, daß er sie nach ihrem Wunsch belohnen dürfte. Svetimír wünschte sich Reichtum, Krunoslav Ansehen und Živan ließ verlauten: »Wenn mir doch der liebe Gott eine, so wahrhaftig christliche, Frau gäbe, daß ich mich das ganze Leben vervollkommnen müßte, um sie zu verdienen!«

Wißt ihr, was ich verlangen würde? Bei meiner Seele, nichts …

[*Anmerkung des Herausgebers:* Die Schrift der letzten beiden Sätze war so, daß in mir der Gedanke auftauchte, ob es sich nicht um ein Palimpsest handelte; und in der Tat gelang es mir mit viel Geduld und einem Vergrößerungsglas, einige Worte zu entdecken: »T… nichts … gegabelten … allzusehr … gegen das Schicksal.« Ich vermute, daß es ein zufälliges Zitat eines unbekannten Autors, ohne jeglichen Zusammenhang mit dem eigentlichen Text ist. Aus demselben Grund habe ich aus dem Kontext der Handschrift zwei Seiten ausgelassen, die ich der Vollständigkeit halber hier anführe:

»ich weiß, daß ich dich nur dann vollkommen liebe, wenn ich meinen Schmerz verheimliche, der den nebelverhangenen wehmütigen Horizonten unseres Heimatlandes gleicht, aber sag, meine Seele, du, die du meinem traurigen Lied lauscht, du Rätselhafte, vermag ich schon meinen Gram so in Worte zu fassen, daß er kein Gleichnis mehr ist? Wenn es ein Schmerz ist, meines Leiden Wunden den Massen zu offenbaren, sieh, ich biete dir unverfälschte Freude an, unfähig, meinen Schmerz jemandem entdecken zu können, unfähig etwas anzubieten, außer Trauer, die du so liebst. Bist du, oder bist du nicht? fragt meine Seele, über sich selbst im Zweifel, aber auf dein Kommen hoffend geht sie die Grenzen ihrer mit den weißen Steinen des Todes markierten Herrschaft ab. Aus derselben Gegend stammend wie ich, kehrst du aus dem Süden zurück, wohin du am Tag meiner Geburt gingst, du, die du dazu vorbestimmt bist, mir die Morgengabe eines unverwelklichen Lächelns zu bringen, das Kapital eines ewigen Lichtscheins, wenn ich vollberechtigt sein werde. Diese Stunde ist gekommen, und das gesamte, von meinem Vater geerbte, Gut ist in meiner Macht wie eine tote Sache in der Macht eines Lebenden. Alle meine Arbeiter, mein ganzes Volk und meine gesamte Verwandtschaft sind gestorben, und meine Rede ähnelt der Ouvertüre einer heroischen Tragödie: *mortuos voco, vivos plango*. Und ich habe beschlossen, dich in einer Sprache, die noch keiner sprach, anzureden. Zuerst hatte ich im Sinn gehabt, dir einen Blumenstrauß aus heimatlichen Gefilden zu überreichen, aber du hast mich wissen lassen, ich sollte keine pflücken, weil wir gemeinsam gehen werden. Mir ist es lieber, wenn ich zusehen kann, wohin deine Blicke schweifen: du jedoch, meinen Gedanken sehend, antwortest mir mit einem Lächeln: Alles ist unaussprechlich!«

Dieser Teil der Handschrift war am Rand mit dem Stichwort versehen: »Der spielende Browning«, woraus ersichtlich ist,

a) daß es ein Fragment ist,

b) daß ich mich an die Regeln der wissenschaftlichen Kritik gehalten habe, indem ich diese Partien nicht in den Text der »Burg des Todes« aufgenommen habe. – *Ende der Anmerkung des Herausgebers.*]

Der Umstand, daß ich auf diesem Weg und auf dieser Feldflur gezwungen war, zum ersten Mal und dann noch öfter über die »Wahl meines Standes« nachzudenken, trägt zwar ziemlich viel zu einer Erklärung meines gräßlichen Erlebnisses bei, ist aber an sich selbst noch nicht so gewichtig, um es verursacht zu haben. Denn und das sollten wir uns ein für allemal merken, *wie jeder Schöpfer, so macht auch der Tod vor seinem definitiven Werk Versuche und Studien.* Ich erblickte ihn bei diesen Vorbereitungen. Jenes kleine Mädchen (siehe die Anmerkung weiter unten), die man zur Erziehung in die Stadt gegeben hatte, mußte, wenn es von Zeit zu Zeit nach Hause kam, ebenfalls in diese Richtung gehen. Ungefähr zweimal begleiteten wir sie mit Fräulein Irene [*Anmerkung des Herausgebers.* Dieser Episode ist meiner Meinung nach, keine größere Bedeutung beizumessen, als man sie den Erinnerungen, oder »Visionen« von Sterbenden beimißt. In ähnlicher Weise zeigte zum Beispiel ein gewisser Bekannter von mir einige Stunden vor seinem Tod, freilich nur mit seinem Blick auf eine be-

66

stimmte Stelle (wo eine Mauer war) neben seinem Bett und sagte zu mir: »Und was will dieser kleine Soldat hier?« Die Frage, und mit den vorhin von mir erwähnten Begleitumständen, war so ungewöhnlich, daß ich sie, wie ich heute gestehe, für geheuchelt hielt. Nach einer Weile sagte er wieder: »Werden die Soldaten heute hier Rast machen?« Mich überwindend, gebe ich zur Antwort: »Heute noch nicht, Herr ...« – Indem ich mich an diese zwei Fragen eines ehemaligen Haudegens mit großem Bedauern erinnere, warne ich jeden, kein vorschnelles Urteil über Sterbende abzugeben. Man möge mir diese Abschweifung verzeihen. *Hier endet die Anmerkung des Herausgebers.*] Ich staunte, freilich nur innerlich, wie rasch sie sich an die Stadt gewöhnt hatte, ohne daß sie es vielleicht wußte. Ein Kind. Ich hatte nicht den Eindruck, daß sie in guten Händen war. Sie lachte sehr leicht und viel. Ein solches Kind und so zu machen! Große Laster wählen sich kleine Mitwisser aus. *Anmerkung des Herausgebers.* Es wird sicherlich keinem einfallen, diesen Ausspruch auf »Fräulein Irene« zu beziehen, und es wird auch ein Rätsel bleiben, ob und in welchem Zusammenhang jenes »Begräbnis«, von dem in der Folge die Rede sein wird, mit dieser Person steht. Aber wenn die Pagination der Handschrift, so wie ich sie erstellte, richtig ist (denn genau an dieser Stelle ist eine Grenze von zwei separaten Seiten), wäre unsere logische Prämisse nicht falsch. Just bei diesen Sätzen fand ich *in margine,* Gott sei Dank, noch eine erkennbare Glosse: »Die Hexen dürsten nach dem Blut von Jünglingen wie hohle Weiden nach einem Mairegen. Oh, Du armer Höllenbube, bald wirst du den Stachel dieser fremden Brüste zu spüren bekommen, wenn zu erkennen ist, daß ihr beide ja doch nur scheußlich seid ...« Ich gebe zu, diese Anmerkung bleibt mir rätselhaft, weniger um ihrer selbst willen, sondern wegen des folgenden: »Da hüllte sich der Dichter in ein langes gelbes Gewand, das die Farbe eines Hochzeitsschleiers hatte; dieses mit Safran gefärbte Festgewand hatte ihm ein junges, fröhliches Mädchen eines Morgens zurückgelassen, als sie, bekleidet mit dem Mantel eines anderen Geliebten, floh. Der, solcherart einer Dienerin ähnelnde, Dichter ...« Ein unvollendeter Satz! – *Ende der Anmerkung des Herausgebers.*] Außer mir bedauerte sie keiner, weil sie nur mehr in meiner Phantasie lebt, untrennbar verbunden mit der Erinnerung an jenes schreckliche Begräbnis, dessen fast unwillkürlicher Zeuge ich zu jener Zeit wurde. Eines Morgens nämlich, gegen neun Uhr, überraschte mich eine große Stille, die nirgends ein Ende nahm. Ich stand an einem Fenster im ersten Stock, blicke hinaus und sehe: *die Erde ist tot!* Wenn ich es nur gesehen hätte, könnte ich mich damit beruhigen, daß ich gerade das Opfer einer Selbsttäuschung, wenn nicht eines Traums, werde: ich erkannte es jedoch auf einen Schlag und unwiderleglich mit allen übrigen Sinnen und mit meinem ganzen Wesen! Was soll das? Im Monat Mai, und die Erde allem Anschein nach tot gleich in der ersten Blüte, und ich wußte es nicht! Ich sage: gleich in der ersten Blüte, da ich sie in dieser Stunde schon in fortgeschrittenerer Verwesung vorfinde. Es hat den Anschein, daß die Bäume grünen und zu blühen beginnen,

68

es hat den Anschein, daß Vögel herumfliegen, und da und dort noch Menschen gehen, aber es wirkt eben nur so! Jedes Gebilde und jede Gestalt, die noch existieren, ist nur eine Larve des Lebens, nur ein Kostüm der *Fäulnis*. Hiemit ist auch jede Bewegung nur eine Illusion, oder noch besser: Verzweiflung der Sinne, die die absolute Ruhe nicht ertragen. Was für ein Wort! Um zu verstehen, wie unangemessen es ist, muß gesagt werden: jede Bewegung ist hier ein inständiger *Traum* der Sinne, auf eine Leiche appliziert! Ein Traum von gesunden Augen, die in die ausgehackten Höhlen eines Schädels hineingesteckt sind, der eine Woche lang auf dem Schlachtfeld herumkollerte; ein Traum lebendiger Augen, die wollten, daß alles nur ein Traum wäre! – Wehe, meine Vision war kein Traum! Damit ihr das Entsetzliche jenes Frühlings, das Gespenstische jenes Maivormittags, das heißt jener schrecklichen Ewigkeit nachempfinden könnt, müßtet ihr die Enttäuschung aller übrigen Sinne anhören, eine unbedingte Enttäuschung, auch was die Zeit betrifft, was am schlimmsten ist. Die Wolken ragen zwischen Himmel und Erde auf wie riesige, verfaulte Fische, die mit der Pest über die Landschaft »herrschen«. Die Sonne scheint nur, so wie bestimmte schwarze Gegenstände glänzen, wenn man sie von der Seite betrachtet; ihr Antlitz, matt und verwelkt, erinnert mich an das gelbbraune Gesicht eines meiner ehemaligen Kollegen, der an einer Ohrenkrankheit litt (wehe mir, ich spüre die Sonne mit meinem Geruchssinn!); trotzdem kann ich aber sagen, gelbbraun, oder braungelb, weil über die Farbe und die Haut eines solchen Gesichts eigentlich oder vor allem der lähmende, süßliche Geruch entscheidet, der von einer solchen Krankheit ausgeströmt wird. Ja, so war die Sonne. Aber sogar der Wind, obgleich der freieste und geschwindeste, hatte es nicht geschafft, sich zu retten, fast erstickt am Gestank, und liegt jetzt da wie mit herunterbaumelnden, für immer unelastischen Nerven und Muskeln in der schütteren Masse seines riesigen Körpers. Im höchsten Grad der Verwesung ist das Wasser im Flußbett, in den städtischen Brunnen rinnt Eiter und sickert in alle Gebäude, vor allem Klostergemäuer durchdringend. Es bedurfte meiner gesamten geistigen Kraft und Willensstärke, um im allgemeinen Nichts, von dem ich wie übergossen war, nicht zusammenzubrechen. Und wie ich so dastehe, jetzt schon mit meinem ganzen Körper ans Fenster gelehnt – die Knie zitterten mir, auf den Schläfen spürte ich den kalten Schweiß, als ob er nicht mein eigener wäre, und ein Schwindel befiel mich – alles Anzeichen von Krankheit, die man sich, wenn ihr wollt, erklären kann, – niemals jedoch werde ich mir das, was danach folgte, erklären können: mit meinen leiblichen Augen erblickte ich eine riesige Bahre, die auf dem Rücken von ekelerregenden Wellen im Tempo eines Begräbnisritus mitten durch die Landschaft aus der Stadt getragen wurde. Aus dem Kreis meiner Sinne trat der Geschmack vor und, an seine Gefährten gewendet, sagte er wie ein Handwerkerlehrling, dem seine erste Werkprobe gelang: »*Das also ist die Bitterkeit?*« –

Es kam mir vor, als würde ich sterben. Wer kann im übrigen wissen, ob ich damals nicht wirklich gestorben bin, und nur meine Seele an jene Stätten, wo ich gelitten hatte, zurückkehrte? Diese Hoffnung wird von den gegenwärtigen Umständen gänzlich widerlegt. – *Eine Stadt?* [*Anmerkung des Herausgebers.* Mit diesem Wort beginnt meiner Vermutung nach eine ganze neue Lebensphase – *wie ich glaube* – rückwärts gesehen, im Licht eines anderen Lebens. Dank meiner Studien der tschechischen Dichtkunst wage ich zu behaupten, zwei Analogien zu diesem Teil der »Burg des Todes« gefunden zu haben: Karel Hynek Máchas »Traum über Prag« und Otokar Březinas »Stadt«. Es ist hier jedoch nicht der Ort, um die Stadt unserer Handschrift mit den »Städten« der eben erwähnten Autoren kritisch zu vergleichen, – das werde ich ein andermal und in einer eigenen Studie, auf die ich mich unterdessen vorbereite, tun, sodaß ich mich vorläufig mit der Behauptung begnügen muß, daß die Stadt der von mir entdeckten Handschrift im wesentlichen (ceteris paribus) mit Březinas Stadt der »Polarwinde« identisch ist. *Hier endet die Anmerkung des Herausgebers.*]

Oh ich weiß, sie ist die einzige Stadt der Welt; schwarz, ausgetrocknet, düster ist sie, als ob sie aus den Schutthaufen der biblischen Sintflut ausgegraben worden wäre, schon im Zustand der Karbonisierung, jetzt entblößt aufragend inmitten unendlicher Wälder, in denen die Meiler brennen. Wieviele Jahrhunderte bin ich tot gewesen, daß dieser Landstrich dort so bewaldet ist? Und diese zweideutige Stille, die seinem reinen Antlitz aufgedrückt ist! Ich weiß es, ich habe es gesehen: Heilige und Verbrecher sind dort. In den Kapellen brennen die

Aureolen sowohl an den Wänden wie auch über den Köpfen der vor dem Tabernakel und vor den Bildern Knieenden. Dieses Licht hat die Beschaffenheit von reifem Obst im Paradies. Es ist ruhig wie das Herz der Felsen, und ich denke, daß es nicht versengt. Hier werden Gott nur unbefleckte Dinge geopfert. Man kann die Hand ausstrecken und sagen: dieses Licht ist das Licht des Lichts, und das hier ist das Licht der Finsternis. Das erste wird nämlich von Gottes Gerechtigkeit ausgestrahlt und das zweite von Gottes Barmherzigkeit. Aber in dieser Kirche ist es nicht finster, obwohl man sich hier öffentlich verstecken kann; die eigentliche Finsternis ist dort draußen in den Gassen und im unendlichen Forst. – Außer dem Licht der Dinge gibt es kein anderes Licht. Messen werden nicht gefeiert; entweder es ist kein Priester hier, oder wenn einer hier ist, ist es, als ob es ihn nicht gäbe. [*Anmerkung des Herausgebers.* Ich habe die begründete Vermutung, daß hinter dem Satz »Messen werden nicht gefeiert« ursprünglich ein Punkt war, denn die beiden Folgesätze weisen, was die Schrift betrifft, einen so auffällig verschiedenen Charakter auf, daß ich sie ursprünglich zwischen Klammern setzen wollte. Weiß Gott, welches Geheimnis diese zwei Sätze in sich bergen! Die Schrift dieser Passagen macht, wenigstens auf mich, den Eindruck, als ob sie aufgezwungen worden wären! Welch schreckliche Dinge aber mußten in diesem Fall hier passiert sein! Versuchen wir, uns das mit einem Vergleich deutlich zu machen, zum Beispiel aus dem Bereich der Kunst; wenn ihr einem Dichter das Leben nehmt, ist es so, als ob ihr eine Mutter töten würdet;

wenn ihr jedoch einem Dichter sein Werk vernichtet, ist es, als ob ihr ein Kind im Mutterleib morden würdet. Bitte, ruft euch dieses Gleichnis in Erinnerung, wenn ihr weiter unten etwas von der *Raffiniertheit eines Mordes* – Mord zu sagen, ist noch zu wenig! – lesen werdet. – *Ende der Anmerkung des Herausgebers.*] Ja, hier ist Gott, und es gibt keinen Gott, der der Seele so nahe ist, wie unseren Gott. Stille und Anbetung. Das Heilige Abendmahl? KARFREITAG! Die Schwärze der Sonne ...

Dieser Tag, welcher Tag auch immer es sein mag, wird kein Ende mehr haben. Ich möchte noch etwas von den Einwohnern sagen.

Diejenigen, die gut sind, sind unveränderlich gut, und die, die böse sind, sind es aus Lust und unverbesserlich. Keiner hindert sie. Es ist nicht notwendig, etwas besser zu machen. Alles ist vollkommen. Keiner beschwert sich über die Morde, denn es wird nicht aus Not gemordet; auch der Zorn Gottes ist wie aus schwarzem, poliertem Ebenholz, schön. Man war zu der Erkenntnis gekommen, daß sogar der Anfang *des Lebens* Furcht ist. Man stirbt gern, weil der aus den unergründlichen Wäldern herausquellende Schrecken die Seele reinigt.

Meine Vision von damals war also richtig. Dort, wo sich der Horizont mit den Wolken des Westens berührte, sah ich immer wieder eine Stadt mit tausenden Türmen, sauber herausgehauen wie aus Felsen des Himmels und von einem so mächtigen, aber so massigen Licht beschienen, daß man die Augen nicht zuzukneifen brauchte. So war sie aus der Ferne, ich weiß nicht, wieviele Jahrhunderte lang. Ich war zur damaligen Zeit ungewöhnlich traurig, aber kaum war mir klar geworden, daß man nur zu sterben brauchte, um in diese Stadt zu kommen, in der alle Dinge einen anderen Sinn haben, bemächtigte sich meiner eine große Freude, wie immer, wenn der Körper sich nach dem Tod sehnt, als würde er sich nach dem Leben sehnen. Gott ist so nahe; er ist in jener Stadt, wo Ihr die sehen, die mich dort erwarten, und er ist unsichtbar übersinnbildlich zwischen mir und ihnen. [*Anmerkung des Herausgebers*. In margine der Handschrift hinzuge schrieben: »Mein Anblick ist mächtig und feurig, daß alle Namen, unter denen ich gelitten hatte und die ich ge liebt habe, sich in ihm verschmolzen wie Erze, die in ei ner Esse ihren so vollkommenen Formen entsagten.« *Ende der Anmerkung.*] Warum befahl er mich damals nicht zu sich, als vor meinen Augen die Sonne unterging weil sie sich vor der Herrlichkeit Seines, von der Abend dämmerung installierten, Ruhms für ihre Armut schäm te? Warum unterdrückte er nicht in meiner Seele jenes Verlangen, wie ein Prophet durch die Welt zu gehen und der Erde den Ruhm des Todes zu künden? Er hat mich erhört, denn er liebt unsere Freiheit und achtet so sehr unseren Willen, daß er auch unser Leiden liebt.

Der Bruder weiß freilich nicht, warum ich dennoch Priester wurde. Von unserer ganzen Familie bestand nur bei mir die Fähigkeit zu großem Glück. Die Kornblu men neben dem Pfad, auf dem ich durchs reifende Ge treide schritt, taten mir ihr Geheimnis kund. Ich schrieb es also ein neben anderen Mysterien in ein großes Buch und faßte ein für allemal für mich den Entschluß, daß es mich auf allen meinen Wegen begleiten sollte. O weh!

gerade dieses Buch wird mir zum Schicksal, weil ich nicht nur mein eigenes Wort in ihm zuließ. Gewiß, es geschah aus zu großer Güte, zu der sich später Schwäche und zuletzt Sünde hinzugesellten. Möglicherweise war es umgekehrt, aber was nützt es mir jetzt, zu grübeln und zu jammern, wenn Hand und Fuß gebraucht werden? Mein unseliges Buch! Ich kann es nicht anständig tragen. Ich denke nicht, daß es mir zu schwer ist, hab ich es doch mit meinem Herzen aufgewogen, aber jenes fremde Element macht es unhandlich für mich. Ich trage es, aber ich kann mich nicht beeilen, und soll gerade jetzt mein Leben retten. Welchen Sinn jedoch wird mein Leben noch haben, wenn ich das Buch hier zurücklasse? Wenn ich mich wenigstens mit meinem Schatz irgendwo verstecken könnte! Der Fluß, der zu meiner Rechten fließt, ist schon durch seine vorgetäuschte Harmlosigkeit furchterweckend, kein Grund zu sehen – und auf der linken Seite? Nicht daran zu denken! Bevor ich nur bis zur Mitte dieses Steilhangs gekommen wäre, der außerdem keinen einzigen Unterschlupf bietet (von der Not abgeästete, dürre, gelichtete Kiefernbäumchen, die nur wie herbstliches Schmielgras hier kümmerlich ihr Leben fristen, sie können kein Asyl sein!), wäre ich hundertmal geschnappt. Aber von wem? Gott, wenn ich es fertigbrächte, daran nicht zu denken!

Die letzten Kräfte sind aufzubieten: der Bruder scheint etwas zu ahnen; wenn er sich umdreht, bin ich verloren; ebenso, wenn ich, durch einen Schrei, oder durch irgendein anderes auffälliges Verhalten, eine Vorahnung dieses Unheils in ihm wachrufe, ihn also in der

Vorahnung dieses, ohne seine Hilfe für *mich* unabwend-
baren Verderbens bestärke. Wirklich, eine Rettung ist
hier nur durch eine Unaufmerksamkeit, nein, Unacht-
samkeit meines Bruders möglich, die aber sofort, wenn
sie ausgenützt wird, *durch das volle Bewußtsein* des
drohenden Verhängnisses abgelöst werden muß.

Herz, du kannst aufatmen! Mein Glück ist genauso
präzis, wie jenes psychologische Gesetz, durch dessen in-
tuitive Applikation ich mich aus der Umklammerung
des Todes zum Leben befreit habe. Kaum war ich von
hinten in den Wagenkasten gesprungen, in den ich zuerst
mein Buch hineingeworfen hatte, hieb mein Bruder mit
der Peitsche auf die Pferde ein, wobei deutlich sichtbar
war, daß er von meinem, nunmehr aber unserem beider-
seitigen Unglück nur ein Hundertstel bemerkt, es jedoch
perfekt, ganz nach meiner Berechnung, abgeschätzt hatte. Das alles geschah so plötzlich und lief mit solcher
Schnelligkeit ab, daß wir nicht einmal ein Wort miteinander wechselten, übrigens auch aus der unbewußten
Überzeugung heraus, daß das *Wort* in derartigen Fällen
zugleich *Fleisch* wird, das Unheil vollendend. In solchen
Momenten wird man von einem einzigen Gedanken beherrscht: Das muß ich erzählen, wenn ich davongekom-
men bin! Gleichzeitig aber flüstert euch, ohne daß ihr es
euch eingestehen würdet, aus dem verborgensten Win-
kel eures Herzens eine Stimme zu: Wenn das *kein* Traum
mehr *ist*? Wenn das schon jenes *definitive* Werk des Todes und nicht wieder nur eine Studie und eine Skizze ist?
Selbst bei Seinem ganzen Langmut kann es doch *nicht
einmal übernatürlich* möglich sein, daß Gott mich *unab-*

lässig verschont!? Diese Gedanken schossen mir wie scheue, entfernte Blitze durch den Kopf, denn genau daran *wollte ich nicht* denken! – Oh, wie entsetzlich! Was ist los? Ist die Welt auseinandergebrochen?

Abermals liege ich samt meinem Buch wieder auf der harten Erde, um mir noch eine Sekunde lang einzureden, daß das eine trügerische Ausgeburt meines Schreckens ist, entstanden als psychische Reaktion meiner gemarterten Seele, und daß ich mich folglich immer noch hinter dem Rücken meines Bruders auf dem Kutschbock in Sicherheit wiege. Aber leider, es besteht kein Zweifel, durch einen heftigen Ruck der Pferde ist der Wagenkasten, als wäre er zu jäh durch mein Buch überlastet gewesen, entzweigebrochen! Jetzt wird man sich schon mit allem abfinden müssen! –

Indem ich das Werk meines ganzen Lebens (wer versteht, was das heißt!) *auf Gedeih und Verderb der rohesten Barbarei auslieferte,* raffte ich mich auf, um, wenn möglich, meinen Körper und meine Seele für kurze Zeit zu retten. Als erstes hatte ich die Absicht, meinem Bruder zu folgen. Der aber, ohne vielleicht überhaupt bemerkt zu haben, was passiert war (verdächtigen will ich ihn nicht), war schon, ich weiß nicht wo. Hinter mir, ungefähr eine Wegmeile entfernt, ist jene geheimnisvolle Stadt. Was rede ich daher!, was für ein Mysterium? Für mich ist alles so grausam klar.

Wie nie zuvor, erkannte ich plötzlich die Proportionalität der irdischen Grenzen zur Herrschergewalt. Bis jetzt hatte ich, wenn auch irrigerweise angenommen, daß Raum und Zeit und ihre Dimensionen, weil beliebig veränderlich, sich dem Gesetz entziehen. Daher mißachtete ich Geschichte und Landkarten, als ob sie den Landkarten und der Geschichte der Wesen nicht entsprächen, die sich zwischen Himmel und Erde bekriegen. Es kann keinen größeren Irrtum als diesen geben, und wenn ein Mensch danach sein Verhalten richtet, darf er sich für einen von der Vorsehung besonders Auserwählten halten, sofern er nicht seinen Wagemut mit dem Tode sühnt. Die Schritte zu zählen, war mir zwar unmöglich, so rasend war meine Flucht von dem Zeitpunkt an, als ich mein Buch wegwarf, mit mathematischer Genauigkeit jedoch schätzte mein Blick, der durch die Todesangst gereinigt und mit geheimnisvollen Kräften ausgerüstet war, die imaginäre Grenzlinie beider Mächte ab: sowie ich sie überschreite, werde ich gerettet sein!

Aber der, der mich verfolgte, *und dessen Name, erst einmal in menschlicher Sprache erfunden, allein schon genügt,* daß jene, die auf den Feldern sind, nicht zurückkehren, und die, die auf den Dächern sind, nicht mehr heruntersteigen – dieser mein Verfolger, wie ich sage, rückte im Zickzackschritt gegen mich vor (nicht ohne Ähnlichkeit mit einem schwarzen zuckenden Blitz, *zweckhaft* angerissen im Flug bestimmter Vögel und auf dem Rücken von Schlangen), wobei er mich schon aus der Ferne durch die Bewegung faszinieren wollte, was ihm, leider, zum Teil auch gelang, weil die Intelligenz, an und für sich etwas Gutes, erst dann einen vielfachen Gewinn abwirft und daher auch Schutz bietet, wenn sie mit Reaktionsfähigkeit der Sinne gepaart ist, was Übung voraussetzt; aber wann und wie oft schon widmet ein

Mensch dem anderen und dem Tod soviel Aufmerksamkeit, daß sein Körper sich für jene Sekunde des Schreckens ausreichend beruhigen kann, in der das Verhängnis mit ironischem, konzentriertem Blick auf sein Herz zielt? Wenn es sich hier nur um einen Mord handelte, würde ich keinen Schritt weiter tun, sondern mich, ohne zu mucksen, in Erwartung des Hiebes umdrehen. Das Gefühl des Todes ist entschieden schrecklicher als der Tod selbst, aber lieber lasse ich mich tausendmal zur Flucht hinreißen, als SEINEN Blick zu ertragen oder mich von SEINER Hand berühren zu lassen! ... Bis jetzt hatte ich vermutet, daß in jenen Wäldern außer Köhlern, Bären und anderen bekannten Lebewesen und Raubtieren nur Schwarz*wild* lebte. Schwarzwild – aber wer versteht mich hier? Ich kann mir recht gut einen Löwen, einen Tiger, ein Nashorn, einen Elefanten, ein Mastodon, den Pterodaktylus und jedes beliebige andere wilde und grausame Tier vorstellen, ohne daß in meiner Vorstellung nicht Platz für das Gefühl irgendeiner Achtung oder Bewunderung bliebe, wogegen Schwarzwild in mir außer Angst einen weitaus heftigeren *Ekel* erregt, weil es für mich, ich weiß nicht warum, mit einer undefinierbaren Scheußlichkeit gleichgesetzt ist ... Wie dann erst: ein schwarzer – »*Mensch*«!? –

Ein Dorf zu erreichen, daran war nicht mehr zu denken. Bleibt also nichts anderes übrig, als mich in diese Pforte zu stürzen, gleichgültig, was mich dahinter erwarten würde, denn wenn keine Hoffnung mehr auf Rettung ist, es also keine gibt, dann mögen meine Todesqual und SEINE Befriedigung durch das »Halbdunkel«

eines wie immer gearteten abgeschiedenen Orts vermindert sein, denn soviel ist sicher, daß sowohl Gott wie der Teufel aufs Gepränge aus sind, sogar in dem Fall, wo nur der Himmel und die nackte Erde Zeugen sein sollen, wie es hier geschehen würde. (Das war mir auf einmal alles völlig klar.) Kaum hatte ich die Schwelle dieses unerwarteten Gebäudes überschritten, war es, als ob meine Seele nicht mehr an den Körper gefesselt wäre (so groß war meine seelische Anspannung), und schlagartig erfaßte ich nicht nur die Architektur (und damit die Ausmaße) dieses Baus, sondern auch sein schreckliches Geheimnis – dieses letzten, jawohl, auch wenn ich mir nicht eingestand ... Es ist ein mehrstöckiges Labyrinth, mit zahllosen Gängen, die immer von einem gemeinsamen »Knoten« aus in alle Richtungen laufen. [*Anmerkung des Herausgebers:* In der Handschrift fand ich leider nur teilweise einen *Plan* dieses Bauwerks.] *Ein einziger* von allen diesen Gängen (so sagte mir eine Eingebung) führt *zur Rettung,* alle übrigen *in den sicheren Tod.* Es ist keine Zeit, um zu überlegen, im Gegenteil, Besonnenheit würde hier noch mehr Verwirrung stiften. Jede Sekunde holt der Mörder mich unvermeidlich ein, ich höre schon seine furchteinflößenden Schritte hinter mir, und es ist bereits gleichgültig, wohin ich davonstürze. Auf den weiten hexaedrischen Raum, auf den ich plötzlich geraten war, und der mit seiner spürbar niedrigen Decke den Eindruck einer unterirdischen Höhle erweckte, die künstlich geschaffen und beleuchtet war, gähnten, ich weiß nicht, wieviele Schlünde, die den Löchern ehemaliger Eisenbahntunnels nicht unähnlich waren. Intuitiv verstand ich, daß dieser Palast höchsten, um nicht gar zu sagen, letzten Zielen diente (– wessen?, das sollte ich erst erfahren): alles in ihm war von derartiger Perfektion und Geschliffenheit. Allerdings grinste das Grauen aus dieser Vollkommenheit, und diese Eleganz atmete Kälte aus. Eigentlich konnte hier gar nichts atmen, weil alles offensichtlich die Schöpfung und Residenz eines übermenschlich intelligenten, jedoch verlorenen Wesens war, verurteilt dazu, noch einige Pläne Gottes zu verwirklichen, wenn sie nicht ohnehin hier auf Erden schon endgültig *erfüllt* waren, wie an allem zu erkennen war, und wenn nicht mit samt diesem Bau auch meine Qualen der letzte Ausdruck des Ewigen Guten einem Wesen gegenüber sind, mit dem man nicht mehr nachsichtig sein kann ... Wie diese Lokalitäten das Leben aufsaugten! Ach, zu miserabel dieses Wort, denn das Nichts tötet und die Leere verschlingt.

Ich stürzte mich in einen dieser Gänge, und zwar gleich in den *allernächsten,* an der rechten Seite, nicht nur weil die Vorstellung von »rechterhand« in meinem Bewußtsein dadurch verwurzelt war, daß sie sich in meinen Sinnen mit dem Gefühl der Erlösung deckte, sondern und vielleicht nur aus dem Grund, damit zwischen mir und IHM keine *freie* Distanz wäre. Nachdem ich ungefähr zwanzig Meter durch diese dämmrige Unterwelt gelaufen war, erblickte ich auf einmal, fast in der gleichen Entfernung, einen Abglanz des *Tageslichts,* das ganz verschieden war von jenem, welches während meines Erlebnisses mit dem Bruder und dem Buch geherrscht hatte. Ich sage absichtlich ein *Abglanz,* denn dieses Gebäude war, wie ich feststellte, in der Art eines Schneckenhauses errichtet. Aber kaum hatte ich den Vorsatz gefaßt, zu diesem Licht hinzugehen – nie hätte ich geglaubt, was *Licht,* das Sonnenlicht, der Abglanz des Sonnenlichts uns in einem unterirdischen Gang bedeuten kann! – da kam mir plötzlich eine Sache zu Bewußtsein: daß dieses Licht identisch war – wie soll man sagen? Vor meinem geistigen Auge tauchte ganz deutlich eine bestimmte Szene aus meiner *Kindheit* auf: Am frühen Morgen auf dem Bett erwachend, sehe ich das Fenster und meine Mutter. Nicht das ganze Fenster, sondern nur die gegenüberliegende Innenwand, auf die bunte Weihnachtsbildchen aufgeklebt waren, denn im Fenster war eine Weihnachtskrippe aufgestellt. Ein Streifen Sonnenstrahlen drang ins Schlafzimmer herein gegen die Innenwand mit dem Fenster gestemmt und aus den bunten Illustrationen und aus der ganzen Wohnung eine lebendige Schönheit hervorzaubernd, die, wiewohl fern, so nahe ist. Ich wähnte mich nicht nur in Betlehem, sondern vielmehr im Paradies, weil mein Vater in einer fernen Stadt und ich mit meiner Mutter alleine da war und ihr Lächeln, mit dem sie mich damals anblickte, für mich mit dem Lächeln jener Morgensonne auf den Krippenbildern völlig identisch wurde, und damals wußte ich, daß die Welt nicht besser, und die Erde nicht schöner sein kann, und daß das Schweigen und eine große Stille das kostbarste Geschenk sind, und daß das höchste, tiefste, weiseste und liebste Wort ein Sonnenstrahl am Morgen ist, der Schöpfer und Mahner des ewigen Guten. – Gott, ach Gott, der Abglanz des Tageslichts in diesem unterirdischen Gang hatte mir zwei Sekunden lang jenen süßen Moment aus meiner Kindheit vergegenwärtigt, aber kaum hatte ich mir vorgenommen, zu diesem Licht hinzugehen, war gleichsam nahe über mir eine laute und, wie mir vorkam, fröhliche Unterhaltung zu hören, was meinen Vorsatz schlagartig ins Wanken brachte, denn in meinem Kopf blitzte folgender Gedanke auf (und kaum daß ich mir etwas denke, sehe ich es auch schon): Wenn beides eine Täuschung ist, sowohl das Licht, als auch diese Stimmen, dann scheint mir die letztere Täuschung weniger ein Trug zu sein, weil das *Licht* mir, im Halbdunkel verborgen, folgen konnte, [ich mußte, wie ihr euch erinnert, durch einen *dämmrigen* Gang flüchten, und *genau dieser* Umstand brachte mich von meinem Vorsatz ab, zum Licht zu flüchten, das heißt zu jenem Lichtreflex, denn – und das begriff ich fast im Hundertstel einer Sekunde: durch Intuition – *wenn der Blick plötzlich vom Licht in tiefe Finsternis übergeht,* ist das Auge einen Moment lang geblendet, und wir können gar nichts sehen, so als ob die Augen von einem Häutchen überzogen wären: wenn ich, der ich von dem (in diesem sechseckigen »Knoten« herrschenden) Licht in den Gang hineingestürzt war, also noch *sehen konnte,* ist daraus ersichtlich, daß in der Finsternis besagten Ganges das Licht *auf der Lauer* lag] – im übrigen *sah* ich mich schon mit ihm, d. h. mit dem Licht (in diesem Labyrinth), und wenn ich seine Quelle suchen, d. h. wenn ich *zum Licht* hinstürmen werde, was würde ich erblicken? Irgendeine Glühlampe, oder, was tragischer wäre: den Himmel, über dem Ambitus eines entsetzlichen, weil trügerischen Asyls. Wogegen Stimmen für sich allein, wenigstens menschliche Stimmen, nicht existieren können, und ich vernehme nur Stimmen, sie sind also weniger verdächtig und auf jeden Fall sicherer, wie überhaupt alles, was mehr materiell ist (Gott, wie habe ich mich täuschen lassen!), sodaß, wenn ich zu den Qellen *der Stimmen* und zwar menschlicher und, wie mir schien, fröhlicher Stimmen flöhe, ich in die Gesellschaft von Menschen gelange, und wenn sie auch, ich weiß nicht wie raffiniert wären (ich erkannte, daß es die Stimmen kultivierter Menschen waren), herrscht die *Seele* mit gewissen Kräften, die nicht zu achten sich keine Kultur erlauben kann – so dachte ich bei mir. Es fiel mir jedoch ein, daß auch diese Stimmen eine verhaltene oder als Köder ausgelegte Ironie des übermenschlich intelligenten Unwesens sein könnten, (das sich in diesem Labyrinth versteckt, eine dämonische Spinne, die regungslos – weil unfehlbar – auf ihre Opfer lauert), weil sie aus verborgenen Grammophonen herauskommen könnten, trotzdem aber – oh, Mensch, du, dem sein nacktes und blutendes Herz ein hinlängliches Zeugnis und sein letztes Gut sind: versuch nachzudenken in einer solchen Minute, wenn du kannst! Der Selbsterhaltungstrieb und die Liebe zum Leben sind uns so angeboren, daß auch eine bereits über dem Hals herabsausende Guillotine bis zur letzten Sekunde die rosigen Fäden unserer Hoffnung nicht durchhaut.

Unwillkürlich blickte ich mich nach der Seite um, woher die Stimmen ertönten, und als ich einen Stiegenaufgang, steinerne Treppen gewahrte (wie hatte ich sie übersehen können?) lief ich, nein, flog ich über sie hinauf. Kaum hatte ich das getan, war es, *als ob ich bereits nicht mehr bedroht wäre.*

Eine hohe, an eine Konklave erinnernde Halle, nur an der *Nord*seite mit Fenstern versehen. [Das Geheimnis des Nordens wurde mir schon in meiner Kindheit enthüllt. – *Glosse in der Handschrift.*] Aschfahles Licht. *Dasselbe* Licht, aus dem ich entkommen war und dem zu entkommen, ich gehofft hatte, nur gedämpfter, ironischer, mehr quecksilberartig, und ich spürte es auf meiner Haut und in meinem Herzen wie eine Ätzung mit einem giftigen Stoff.

Es überraschte mich, daß alles ruhig wurde, sobald ich die Tür aufmachte, aber meine eigentliche Überraschung, das Wesen meiner Überraschung, das Schauderliche meiner Überraschung war, daß die, immerhin so lauten, Stimmen bei meinem Eintreten verstummten, *ohne das geringste Echo zurückzulassen!* Und auch die anwesenden »Personen« zeigten nicht die geringste Spur irgendeines Lachens, von Fröhlichkeit, lärmender Ausgelassenheit, nichts davon konnte ich an ihnen wahrnehmen: *obwohl das alles in jenen Stimmen gewesen war!*

An der Wand gegenüber den Fenstern stand in einem Bogen eine Mannschaft in Uniformen und mit einer Bewaffnung, deren giftiger Glanz sich mir in alle meine Nerven einritzte. Meine, von dieser Stille hervorgerufene und durch diese Halle gesteigerte Angst halbwegs beherrschend, schritt ich nach vor. Die Mannschaft, die zu meiner Rechten stehen blieb, rührte sich kein bißchen.

Ich gehe direkt zu dem hohen Thron, weil ich begriffen hatte, daß nur SIE hier zu entscheiden hatte, und solange das nicht geschah ... Man kann an nichts denken, solange das nicht geschieht – es ist hier überhaupt unmöglich, zu überlegen, hier muß man *handeln*. Ich trete mit bewußt offenen Augen vor sie hin, in der Gewißheit der Gerechtigkeit meiner Angelegenheit, was nötig und gut fürs Leben ist, und bereits zu allem entschlossen. Aber an einer kleinen Verschiebung ihres Körpers, in der sie, ich weiß nicht wann, *allerdings meinetwegen* verharrte, entnahm ich (denn auch ich hatte mich schon öfter in höherer Gesellschaft bewegt), daß ich nicht von Angesicht zu Angesicht vortreten könne; daher nahm ich einen Platz ein, den ich instinktiv für mich und meine Motive abgesteckt hatte: ich trat vor und trat dicht neben SIE hin, zu ihrer Linken.

[*Glosse.* Ihr Gewand, schwarz wie ihr Haar und ihre Wimpern, schwer über die Stufen des Throns herabfließend, und mit schwarzen Diamanten besetzt, erhöhte, womöglich, ihre Majestät und die Anmut ihres mit einem goldenen Reifen geschmückten Kopfes. Ihre Stirn, ihr Gesicht und ihre Hände, einer Elfenbeinschnitzerei gleich, standen in scharfem Kontrast zu ihrem Kleid und zu ihren Haaren, zu dem ganzen Gemach, ja sogar zu dem Licht, das sie noch bleicher, noch weißer machte. –] Ohne etwas zu sagen und ohne mich anzusehen, stellte sie mir die Freiheit anheim, meine Aufgabe zu erfüllen: FREUDE IN IHR ZU ERWECKEN ODER – (Noch hatte sich die in dem Bogen stehende Mannschaft nicht gerührt.)

Wie süß ist es wohl, für ein Wesen zu sterben, das man lieben kann! – Ich hauchte die ganze Inbrunst meiner Seele in dieser Stille aus, und plötzlich verstummend, höre ich, wie mein Herz schlägt ... Da erst äußerte SIE sich mir: *Sie lächelte schief.*

[*Anmerkung des Herausgebers.* Nach dem letzten Satz, aber ungefähr drei Finger weiter unten, war dazugeschrieben: »*Karwoche* ...«]

Träume von Prag

Lombroso, trauriges anticipando der Dogmen über die Schizophrenie, erzählt diesen, angeblich gerichtlich beglaubigten Vorfall. Miss Loganson, ein neunzehnjähriges Mädchen aus Chicago, *sah im Traum* die Ermordung ihres Bruders Oskar, Farmer in Marengo, fünfzig Meilen nordwestlich von Chicago. Mehrere Tage lang bezichtigte sie beharrlich einen Nachbarn ihres Bruders, auch einen Farmer, des Mordes. Zuerst wurde ihr von niemandem Aufmerksamkeit geschenkt; schließlich gestattete man ihr aber, ein Telegramm zu schicken. Es kam die Antwort: Oskar verschwunden. Das Mädchen begab sich, in Begleitung eines anderen Bruders und eines Polizeibeamten, zu Oskars Farm. Sie führte die Männer direkt zum Hause eines gewissen Bedford. Es war abgesperrt, und die Polizei mußte die Tür aufbrechen. In der Küche fand man Blutspuren. Aber Miss Loganson blieb hier nicht stehen, sondern eilte zum Hühnerstall, vor dem sich ein gepflasterter Hof befand. »Hier ist mein Bruder begraben«, sagte sie. Ein Polizist machte sie darauf aufmerksam, daß das Pflaster seit der Zeit, als der Hühnerstall gebaut wurde, nicht vom Fleck gerückt worden war, ließ aber auf Drängen des Mädchens an dieser Stelle aufgraben. Unter dem Pflaster fanden sie Oskars Rock und, als sie bis zu einer Tiefe von etwa fünf Fuß hinuntergruben, erblickten sie seine Leiche. Bedfords Personenbeschreibung wurde sofort in alle Himmelsrichtungen hinaustelegrafiert, und er wurde in Ellis in Nebraska festgenommen. Miss Loganson sagte, daß sie der Geist ihres Bruders einige Tage hindurch unablässig verfolgt und angespornt hätte.

Hier hat ein Traum die Vergangenheit prophezeit. So etwas zu konstatieren, ist fast das gleiche wie nachzuweisen, daß ein Genius und ein Verbrecher Blutsbrüder in einer Person sind.

Die Kongregation des Heiligen Offiziums oder irgendeine andere, vielleicht sogar eine ganz spezielle Kommission hat angeblich schon die *Berichtigung* des berüchtigten Zweiten Nokturns im Römischen Brevier in Angriff genommen. Meinem Herzen wurde dadurch eine große Wunde geschlagen, denn sooft gesagt wurde »Der lügt wie das zweite Nokturn«, frohlockte meine Seele, daß wenigstens Rom diese »wissenschaftliche Wahrheit« nicht absegnet. Weil ich schreibe, als wäre es mein Testament, erkläre ich öffentlich, daß der *Glaube meines Herzens* viel größere und »*unsinnigere*« Wunder erlaubt und zuläßt, ja sogar *voraussetzt* als jene, von denen das Zweite Nokturn erzählt. Die Liebe ist so kritisch, daß sie a priori jeden Unsinn ausschließt. Prophezeiungen werden leer, die Sprachen hören auf, und die Kunst wird verdorben sein, die Liebe jedoch wird weder leer, noch hört sie auf, noch wird sie verderben. Für jetzt bleiben Glaube, Hoffnung, Liebe, diese drei: doch am größten unter ihnen ist die Liebe!

Und allein durch die Liebe, in der Liebe und mit der Liebe läßt sich erklären, daß der Traum auch die *Zu-*

kunft prophezeit. In diesem Fall, teure Freunde, haben die Liebe und der Traum sich so durchdrungen, daß man keinen davon entfernen könnte, ohne daß dadurch nicht auch dem anderen das Leben genommen würde. Entweder ihr liebt, und dann spricht der Traum, ein Sproß der Liebe zu euch, oder ihr liebt nicht, und dann kommt es absolut nicht mehr darauf an, in welcher Sprache ihr sprecht, oder welche Sprache ihr hört, da ihr offensichtlich unter das Niveau des Menschen und seine Zukunft gesunken seid!

Je höher wir in unserem Wissen und in unserer Liebe aufgestiegen sind, mit umso feineren Peitschen geißelt uns der Herr über Leben und Tod, und der Mensch in seiner Schwäche gerät häufig in Versuchung, dem Teufel rechtzugeben und sich mit der Wahrheit seines lächerlich armen Verstandes zu begnügen, so wie sich ein ganz gewöhnlicher ordinärer Kerl damit zufriedengibt, daß ihm in der Zeitung Satisfaktion gegeben wird …

Die Martern unseres Herzens sind subtil, das chinesische Volk hat im Katholizismus eine große Zukunft, und danken wir Gott, daß die chinesische Theologie in der Zeit unseres Lebens der katholischen Kirche einen fast unmerklichen Beitrag liefert – wir müssen in der Sprache der heutigen Wissenschaft sprechen, damit wir unter der Vakuumpumpe der Wahrheit wenigstens ein bißchen Luft einatmen, weil die heutige Zeit uns sonst bis zur Bewegungslosigkeit anästhesiert: nicht nur das Lachen, nicht nur die Kontroverse, sondern jedes, auch das noch so kleinste Interesse hat diese *betrügerische* Zeit in uns erstickt!

Atmen ist nur im Wunder möglich!

Lieben nur in der Zukunft!

Wenn ich liebe, will ich wie Gott, oder wie der Teufel *nur die Seele,* wohl wissend, daß das übrige mir gegeben werden wird.

»Aber wir müssen uns fragen, warum, als der Erlöser geboren wurde, den Hirten in Judäa ein Engel erschien, und zu Seiner Anbetung die Magier aus dem Orient ein *Stern,* aber kein Engel führte!« Auf diese seine Frage antwortet der Heilige Gregor, indem er sagt, daß den Juden, weil sie den Verstand gebrauchten, ein vernünftiges Geschöpf, d.h. ein Engel gebieten mußte: die Heiden jedoch, da sie den Verstand nicht zu gebrauchen wußten, führt zur Erkenntnis des Herrn keine *Stimme* sondern ein *Zeichen.* Deswegen behauptet angeblich auch der Heilige Paulus: *Prophezeiungen* werden für die Glaubenden, nicht für die Ungläubigen gegeben: ein *Zeichen* hingegen für die Ungläubigen, nicht für die Glaubenden!«

Demnach können wir, denen ein Zeichen zuteil wird, uns überhaupt nichts einbilden.

Lieber Bruder, auch diesmal könnt ihr euch sicher sein, daß ich nicht einfach so daherrede. Aus einem Brunnen sind angeblich die Sterne auch am Tag zu sehen. Glaubt meinen *Augen,* denn man hat mich in einen Brunnen geworfen. Wer? Brüder. Glaubt meinen Augen, denn ich rede nicht nur so daher. Ich sehe gut. Wenn ich nicht sähe, würde ich nicht leiden. Wenn ich hingegen leide und unsagbar leide, könnt ihr daran erkennen, daß ich viel weniger sage, als ich weiß.

Es braucht eine bestimmte Zeit zum Öffnen des Mundes. Und dann braucht es eine bestimmte Zeit zum Wort.

Wir wissen aus der Bibel, daß *alles* seine Zeit hat und alle Dinge unter dem Himmel den ihnen *zubemessenen* Lauf gehen. Es ist eine Zeit fürs Geborenwerden, und eine Zeit fürs Sterben. Eine Zeit fürs Pflanzen, und eine Zeit, das Gepflanzte auszureißen. Es ist eine Zeit zu töten, und eine, zu heilen! Eine Zeit, einzureißen, und eine Zeit, aufzubauen. Eine Zeit, zu weinen, und eine Zeit, zu lachen. Eine Zeit, zu klagen, und eine Zeit, zu tanzen. Eine Zeit, Steine zu werfen, und eine Zeit, Steine zu sammeln. Eine Zeit, zu umarmen, und eine Zeit, der Umarmung sich zu enthalten. Eine Zeit zu suchen, und eine Zeit, zu verlieren. Eine Zeit, aufzubewahren, und eine Zeit, wegzuwerfen. Eine Zeit, zu zerreißen, und eine Zeit, zu nähen. Eine Zeit, zu schweigen, und eine Zeit, zu reden. Eine Zeit, zu lieben, und eine Zeit, zu hassen. Eine Zeit für den Krieg, und eine Zeit für den Frieden.

Alles hat seine Zeit. Ein Gedanke ist viel genauer und strenger den Gesetzen der Jahreszeiten unterworfen als der Hafer, die Kartoffel, die Rebe oder der Apfelbaum. Damit er keimt, braucht es eine bestimmte Wärme, die Fühlung mit der Ackererde, den Regen, Trockenheit, Luft, Sonne, und niemand darf auf das keimende Korn treten, kein Sperling darf es auspicken, die Maus nicht aufknabbern, der Regenwurm nicht herausziehen, der Frost nicht verbrennen. Das ist ein Gleichnis. Ich habe einmal Léon Bloy geschrieben, wie es mich grämt, daß ich

*Geschrieben am 25. Februar 1911 an Hw. P. Evermod Balcárek, Ordensbruder aus dem Strahovkloster.

hm nicht helfen könne. Darauf antwortete er mir: »Wenn
Sie helfen wollen, dann geben Sie *alles*!« Es hat viele Jahre
gedauert, bis ich diese Worte verstanden habe. Erst in der
Stunde unseres Todes werden wir unsere Träume ganz
verstehen können, denn wir sollten wissen, daß auch solche darunter sind, die nach den Gesetzen der Gemeinschaft der Heiligen Gott uns für die Verdienste irgendeines Unbekannten auf der Erde oder in der Ewigkeit ge-
schickt hat und für das Gute, das wir vielleicht getan
haben oder in Zukunft noch tun sollen. Wir dürfen nicht
vergessen, daß jener große Kampf zwischen dem Guten
und dem Bösen, zwischen Licht und Finsternis längst
noch nicht ausgefochten ist, und Gott auf die Plätze, die
in den unabsehbaren Heerscharen durch die Gefallenen,
oder die schon im himmlischen Jerusalem Triumphieren-
den freigeworden sind, in ununterbrochenen und unzäh-
ligen Eingebungen immer neue und neue Kämpfer einbe-
ruft. Eben in diesem Sinn spricht der Erlöser über die An-
werbung von Arbeitern im Weingarten des Herrn.

Mit manchen Träumen muß Gott uns erschrecken,
wie man kleine Kinder mit dem Wassermann erschreckt,
damit sie nicht ertrinken. Nur allzugern lasse ich gelten
und glaube ich, daß es Menschen gibt, die keinen Traum
brauchen, weil es ihnen entweder, um Gutes zu tun, völlig
genügt, den Verstand zu erleuchten, oder weil sie durch
übermäßige Verschwendung und Geringschätzung von
Gottes Gnadengaben zur ewigen Verdammnis schon vorbestimmt sind. Wir dürfen freilich auch nicht übersehen,
daß sogar diese Verdammten Gott als Instrumente seines
geheiligten Willens verwenden kann, indem er ihnen zum

Beispiel Träume gibt, die für sie selbst ohne Nutzen sind und bleiben, aber wie ein von einem Urahnen gepflanzter Wald einmal den Erben und Nachfahren den hundertfachen Gewinn abwerfen werden. Auch Kain, Nadab, Abihu, oder jener zu Tode gesteinigte Lästerer Sohn Salumith, der Tochter Dabri aus dem Geschlecht Dan, oder Kore, Sohn des Isaar, des Sohnes Kaat, des Sohnes Levi, und Dathan und Abiron, Söhne Eliabs und Hon, Felets Sohn aus dem Geschlecht Ruben, oder Absalom, Holophernes, Herodes, Judas, Ananias, Saphira, Simon Magus, Julian Apostata: so wie ihr Vater, der Teufel, so dienten auch sie alle und sicher gegen ihren Willen dem Werk und dem Willen Gottes auf dieser Erde!

Es war notwendig, zumindest soviel vorauszuschicken, damit der richtigere Abstand zwischen mir und Prag, zwischen meinem Traum über Prag und zwischen dem, was ihm in meinen eigenen Ansichten und auch in meinem Leben widerspricht, gefunden werden kann. Falls es vielleicht jemandem weh tut, daß mir Unrecht getan wird, dann möge er sich ins Gedächtnis rufen, daß nur für irdische Augen das Leben arm an Deutungen ist, und daß ich, Gott sei Dank!, keinen meiner Träume weder verschuldet noch verdient habe.

* * *

Ja, teurer Evermod*, ich möchte Ihnen etwas über meine Träume erzählen. Nun, es hat mir schon mehrere Male von PRAG geträumt. Das erste Mal vor ein paar Jahren

* D. h. 1910!

94

Damals erblickte ich den Veitsturm. Es graute mir vor dieser nächtlichen Vision, da ich, wie man so sagt, in kleinen Verhältnissen aufgewachsen bin. Ich sage »nächtliche Vision«, denn es träumte mir in der Nacht davon, im Traum aber sah ich den Veitsturm am Abend, Prag lag in der Dämmerung wie ein versteinerter See, Menschen sah ich keine, weil der Veitsturm durch seine Riesenhaftigkeit und Höhe um sich herum, soweit der Horizont reicht, jede übrige Größe überragte. Mein Atem stockte, und wenn ich zu irgendeiner literarischen oder historischen Reminiszenz fähig gewesen wäre, hätte ich mich bestimmt an Libussas Prophezeiung erinnert:

Da, ich sehe vor mir eine große Stadt, deren Ruhm wird einst bis an die Sterne reichen.

In ganz Prag brannte kein Licht, trotzdem aber konnte ich deutlich die Rücken der nächstliegenden Dächer erkennen, aber nur wie die Rücken von Fischen, die aus einem verzauberten See herauslugen, während der Veitsturm irgendwie von selbst durch seine jahrhundertealte Masse leuchtete, als ob es in diesen riesigen Granitquadern, aus denen ich ihn hervorwachsen sah, überhaupt keine Dunkelheit gäbe, oder als ob er von unten bis oben von irgendeiner riesigen und unsichtbaren Lichtquelle angestrahlt würde, einem Licht, das dort, wo es entsprang, ungeheuer mächtig war, weil es jedoch seine Strahlen auf die Flächen eines so riesigen Körpers verteilen mußte, für unsere Augen an Intensität verlor, und wir nun nicht mehr das Licht der Gegenwart, sondern gleichsam das, von Jahrtausenden tempe-

* D. h. ungefähr am 10. Februar 1911!

rierte, Licht der Legende sehen. Ich mußte meinen Kopf weit nach hinten verrenken und konnte trotzdem immer noch kein Ende erblicken. In panischer Angst dachte ich mir: »Weder der Mensch, noch die Zeit! Das hier bringt einzig und allein eine Nation und nur mit besonderer Hilfe Gottes zuwege!«

* * *

Das zweite Mal (sofern ich mich richtig erinnere) träumte ich von PRAG im vorigen Jahr* zu Peter und Paul. Einen *Teil* dieses Traums schenkte ich Herrn Ludvík Bláha, einem Kleriker vom Strahov, weil ich in Prag niemanden hatte, dem ich mich damit anvertraut hätte, aus gewissen Glaubensgründen jedoch den Wunsch verspürte, daß mein Traum, wenn auch nur abgelagert als Rauhreif auf den Zweigen meiner Sprache, an die Orte zurückkehren möge, von wo er gekommen war.

Ich weiß nichts davon, davon nämlich, was ich in PRAG erwartete.

Aber gerade in diesen Tagen wurde mir mein Traum von einer mir unbekannten und fernen Person gedeutet.

Ich muß etwas glauben, was auf natürliche Weise völlig unerklärlich ist.

Unlängst schrieb mir eine gewisse, von der Welt vollkommen isolierte Person: »Was ist das für ein Wort – *stöhnen*? Ich hab es gehört und weiß nicht, was es bedeutet!« – Sie träumte, sah einige verstorbene Päpste (sie zählt sie namentlich auf) und noch andere Persön-

* D. h. ungefähr am 18. Februar 1911!

ichkeiten ... Dann verschwand alles, und es war eine Stimme zu hören:

Unsere Seele stöhnt!

Nun, diese Frauensperson, die im Traum diese Stimme hörte und das Wort »stöhnt« nicht verstand, erkläre mir meinen Traum.

Ich werde mit PRAG schrittweise bekannt gemacht: im ersten Traum lernte ich den Veitsdom, im zweiten Traum den Prager Klerus und andere Leute kennen, im dritten Traum die Universität. Das folgende träumte mir vor vierzehn Tagen*. Man schämt sich, sowohl es niederzuschreiben als auch davon zu sprechen. Die Vorlesungen hielt ein großer Affe, nicht ein Affenweibchen, sondern ein Affe, und er hielt sie, indem er dabei demonstrativ vor einem Publikum beiderlei Geschlechts redete, über die Äffin. Die Gesichter dieser Viecher waren kahl. Eine Äffin stand auf einem Podest Modell, so wie die Sphinx dargestellt wird, in der Position einer Sphinx nämlich. Nur, es war keine Sphinx, sondern ein Affe weiblichen Geschlechts, wenngleich bewegungslos wie eine Sphinx.

Jener widerliche Affenkerl kam gleichzeitig mit dem Professor und hielt gleich einige Schritte von der Tür entfernt seinen ersten Vortrag, unter einer Galerie stehend; dort hing der struppige Schwanz von irgendeinem Stinktier von der Wand, ich weiß nicht, ob von einem Marder oder von einem Iltis: der Affe strich mit seiner Pfote zwei-, dreimal von unten über diese Borsten, solaß sich der Schwanz ein wenig bewegte, und der Affe sprach: »*Ein Komet!*«

Dann schwang sich der Herr Professor stolz auf den

Katheder, stolz auf seinen Affen0, stolz in dem Bewußt
sein, daß auf diese Weise noch niemand vorgetrager
hatte – der Herr Professor redete nur mit Gesten, au
seinem Mund hörte ich keinen Ton – und der Affe ab
solvierte einen zweiten Vortrag über die »Sphinx«.

Es überraschte mich, daß die Sphinx sich niederhock
te, denn anfangs war es mir vorgekommen, daß es ein
ausgestopfte Äffin war. Nach diesem Vortrag sah ich, wi
einer der Herren auf seiner Schulter eine Dame hinaus
trug, als ob er einen Tram tragen würde: so erstarrt wa
die Dame. Auf dem Gang öffnete der Universitätsprofo
diesem Pärchen die erstbeste Tür, eine Art Kabinett.

Der Saal war gestopft voll von Zuhörern, die, au
ihren Sitzen *nach hinten* gedreht, aufmerksam unc
atemlos auf den Affenkerl starrten.

* * *

Das vierte Mal träumte mir vor einer Woche* von Prag
Ich erblickte irgendeine große Redaktion. Man empfinz
mich wie einen Menschen, der sich einen Namen ge
macht hat, aber ich schämte mich für diese Ehre vor mi
selbst, weil sie mit dem Gefühl verbunden war, daß ic
wie unter die *Meinigen* herkomme, und sie mich *er
kannten*. Ein Gefühl absoluter Trostlosigkeit bemäch
tigte sich meiner, und mein Herz glich einem Schiffs
wrack, das sinnlos dahinschlingert und sich in irgend
welchen Gewässern des Nordpols verliert.

Und dann sah ich – ach ja, das Redaktionslokal is
ein breiter weiter Raum von ungewöhnlicher Ähnlich

keit mit der Gesindestube einer Mühle, und es herrscht hier auch tatsächlich so ein Halbdunkel wie in einem Müllershaus, und plötzlich blitzte ein Gedanke auf in meinem Kopf: Ging ein Sämann hinaus, um seinen Samen auszusäen – das Wort, ja es ist ein Korn, nur daß man an diesen Orten keine Körner ausssät, sondern *mahlt,* zermalmt, sie also vernichtet!

Wie ich dort hingelangt bin, weiß ich nicht mehr, dafür erinnere ich mich jedoch gut, wie ich wieder weggekommen bin: aus dieser Redaktion wird nicht auf menschliche Weise hinausgegangen, sondern rücklings, mit dem Rücken nach unten und dem Bauch nach oben über Holzstiegen hinunter, die so mit Brettern verschalt sind, daß sie stark an ein Kellerloch mit einer hölzernen Schüttrinne gemahnen, durch die Erdäpfel in einen Keller geschüttet werden. Ja, aus dieser Redaktion geht man rücklings hinaus, eine für den Menschen unnatürliche und daher sehr mühsame Art zu gehen, wenigstens für mich war sie äußerst beschwerlich, und als ich zwei, aus der Redaktion auf diese Weise »abgehende« Männer bemerkte, hatte ich wider Erwarten und gegen meinen Willen die ekelhafte und daher unangenehme Vorstellung von Faultieren einerseits und von toten Fischen andererseits. Dementsprechend befand sich, wie ich sehen konnte, der Schwerpunkt des ganzen Körpers weder in der Brust, noch im Kopf, sondern im Hintern.

Wir stiegen in irgendeinen Torweg hinunter. Sehen Sie, fast hätte ich vergessen, daß mir in der Redaktion ein

* Mit dem Verstand läßt sich ganz gut beweisen, daß alte Väter auf der Welt überflüssig sind.

Begleiter zugeteilt worden war: ein Mitarbeiter der Redaktion, ein magerer und blasser junger Mann, heruntergekommen kann ich nicht sagen, weil ich ihn bis jetzt noch nie gesehen hatte, muß aber zugeben, daß er körperlich wirklich hinfällig wirkte, fast grünstichig, und daß ihn wahrscheinlich nur seine Jugend davor bewahrte, daß er nicht gleich auf den ersten Blick schwach war. Nun, in diesem Torweg begegnet dieser Begleiter von mir *wie durch Zufall* (noch heute erschauere ich bei dem Gedanken, daß das ganze vor langer Zeit und durch irgendwelche geheime Vorschriften und Statuten perfekt vorbereitet war!) einem, *in Zivil* gekleideten Mann mit einem Bart, sie blicken einander ins Gesicht, so wie sich zwei Jagdhunde, die zusammentreffen, anschauen: und da nimmt der Bärtige eine Art sazerdotale Haltung an und sagt: – leider, die Worte habe ich schon vergessen, genau weiß ich nur, daß er fragte, ob der junge Mann die *vorgeschriebenen »Bußen«* durchgemacht hätte.

Darauf antwortete der Jüngling *mit einer vorgeschriebenen Formel*: Ja. Aber diese Frage, kommt mir vor, wurde nicht so sehr um der Frage, denn um der *Parole* willen gestellt: sie war nur eine Prüfung, ob der »Meister« es mit einem »Eingeweihten« oder mit einem Profanen zu tun hatte.

Und als der junge Mann seine Antwort sagte, konnte ich seine Buße sehen, weil sie irgendwie merkbar sein plötzlich *durchscheinend gewordenes* Gesicht durchdrang ...

Und jene Formel war biblischen Stils, er sagte, glaube ich: »... MIT DEN SCHLÄGEN DER GEISSELUNG.«

Es muß noch erwähnt werden, daß für die beiden Männer, als sie einander begegneten, alles andere gleichsam zu verschwinden schien: »*sie waren für die Welt gestorben*«, aber gleichzeitig, oh wie schrecklich, machten sie das alles doch *nur der Welt zuliebe!*

Es handelte sich um einen Ritus, und trotzdem war es nur ein schrecklicher, kalter, trostloser Ritus – wie ein Ritus von Verdammten, die alle Formeln und alle Gesten der Sakramente beibehalten und ausführen, aber nicht mehr an Gott glauben. Es ähnelte der Frömmigkeit und den Handlungen eines Menschen, der am Grab seines Vaters, den er sehr raffiniert und daher ungestraft ermordet hat, einen schönen Kranz niederlegt.*

Die zweite Frage (wieder eine fixe *Formel*): welchen Grad er erlangt habe?

Der Jüngling antwortete: »*Den des Diakon!*«

Ja, jetzt erinnere ich mich ganz genau, auf die erste Frage hatte er so geantwortet:

»*Mit der Taufe* der Geißelung!«

Also nicht nur biblischer Stil, sondern direkt der Stil der katholischen Kirche!

Und als auf beide Fragen die Antwort gegeben war, kniete der Meister auf beide Knie, wobei er dem Schüler zeigte, wie er es zu machen habe: *auf jeder Wade vier kleine Kreuze.*

Und der Schüler bezeichnete ihn mit den Fingern, dem Daumen und dem Zeigefinger nämlich, an diesen Stellen mit einem kleinen Kreuz. Kaum war das geschehen, verwandelte sich der Schüler in einen *Schwarzen Ritter* mit einem Helmbusch. Sein ganzes Gewand war schwarz, nur silbrig verziert an bestimmten Linien, aber dieses Silber glänzte nicht. Sein Antlitz war wie das Gesicht von Wachsfiguren: alles so *bestimmt,* unbarmherzig unveränderlich: das Auge, der Mund, die ganze Miene. Nicht nur jenes Silber, sondern auch dieses Antlitz strahlte kein Leben aus, denn eine solche *Genauigkeit* ist ein Zeichen von Unbelebtheit.

Und auf einmal standen neben dem jungen Mann mehrere solche Ritter – einer wie der andere ...

Wenn ich mich recht erinnere, veränderte der »Meister« sich nicht.

Aber mein Traum ging weiter: Ich stehe auf einem Platz, der sehr ausgedehnt ist; vor mir, allerdings zu meiner Linken, oben in der Höhe die Prager Burg – und genau unter ihr das uralte Kirchlein *Zur Heiligen Agnes,* so alt, daß mich sein Mauerwerk stark an den Körper *einer weißen Greisin* erinnert. So ein altersschwaches Mauerwerk, innerlich und von innen offensichtlich von der Zeit aufgezehrt. Nicht angenagt, sondern aufgezehrt, bis auf die Knochen verdaut und schön weiß ...

Ich dachte bei mir: Bevor es zerfällt, werfe ich noch einen Blick hinein ... Aber im Geist fürchtete ich mich, ja ich zitterte sogar vor Angst, daß es einstürzen könnte, bevor ich dort angelangt wäre – es fehlten mir nur mehr ein paar Schritte bis zu ihm hin ...

Ich komme – ich weiß nicht warum: komme von oben, das heißt auf irgendeinem Weg von der Burg herunter – ja, mein Gott, die Stiegen, die breiten, zur Prager Burg führenden Stiegen waren von Gras überwuchert –, erreichte eine Stelle, wo das Dach des Kirchleins in meinen Weg mündete, und mein Weg führte entlang der sehr massiven und ungewöhnlich hohen Befestigungsmauern.

Diesem Weg folgend, streifte ich oberhalb des Kirchleins, unmittelbar am Rand seines Daches, mit dem Fuß an einen Stein, der, ich weiß nicht wie, in die Mitte des Daches fiel, und das Dach brach ein ...

Ich schaute nach vor: auf der anderen Seite dieses leicht ansteigenden Platzes glänzten die Türme einer stattlichen Kirche vor lauter Gold: das mußte der Prager Dom sein, wenn es nicht Strahov war.

Habt ihr schon einmal ein verzehrtes Laubblatt vom Vorjahr oder vom vorvorigen Jahr gefunden, auf dem nur die Umrisse und die Adern übrigblieben? Nur, die Kirche der heiligen Agnes erinnerte mich dermaßen an die *Eucharistie* und an die *weiße Asche von verbrannten Dingen,* die auch noch, wenn sie vollkommen ausgebrannt sind, die Gestalt und die Form des ursprünglichen Gegenstands behalten, aber schließlich von selbst oder durch einen Hauch unseres Atems zerfallen.

Über Benedikt XV., über einen Provinzbahnhof, über ein Buch aus Nüssen, über Seidenfäden und über Mohren

Gestern nachts, in der Nacht zum Heiligen Abend, träumte mir, daß ich vor Benedikt XV. stand, den ich nicht einmal von einem Bild her kenne und der zu mir sagte: »Du wirst heuer sterben.« Beim letzten Wort lächelte er, und ich verstand, was er mit diesem Lächeln sagen wollte: »Was ist denn daran so schlimm, wenn man hier sowieso nichts mehr erwartet!« Um ihn herum standen einige Prälaten. Aber vorher sagte er, an mich gerichtet, zornig: »Ein Skandal ist das in diesem Österreich!« Mir fiel ein, daß der Papst unfehlbar ist, und deswegen konnte ich mir nicht zusammenreimen, daß es bis zum Jahresende nur mehr fünf, sechs Tage waren, und daß ich binnen dieser kurzen Frist sterben sollte, wo ich doch ziemlich gesund war? Ich rechnete allerdings im bürgerlichen Jahr, und weil ich in dem nicht starb, mußte er wohl das Kirchenjahr gemeint haben, ich weiß allerdings, daß seine Aussage meinem Körper gegolten hatte.

Und genau auf diesen meinen Traum antwortete mir zweifelsohne am 29. Dezember 1917 mein Freund F. X.

Šalda: »Seltsame Tage sind das, wo auf dem Horizont das Licht und die Wolken miteinander streiten. Was zögert da, geboren zu werden? Was zögert da zu sterben?« Aber bin ich gestorben, wenn ich leide?

* * *

Aber heute träumte ich etwas anderes. Ich befand mich auf irgendeinem Bahnhof, nicht in Prag, sondern auf einem großen Provinzbahnhof, so sehe ich ihn. Wir hätten noch abfahren können, aber sie kam absichtlich zu spät, indem sie mich von den Geleisen hinunter durch einen Hohlweg, eine Sackgasse gleichsam, führte, denn wir gelangten von der Hofseite zu irgendeinem fremden Mietshaus, das sowohl ein Gasthaus als auch eine ländliche Fabrik hätte sein können. Weit und breit gab es keine Menschenseele, aber trotzdem kann ich nicht einmal in wachem Zustand die kleinliche Albernheit verstehen, die sie dort anstellte, und bei der ich ihr, wenn auch ohne zu begreifen, Folge leistete, weil ich sie liebte, aber vielleicht gehorchte ich deswegen sofort, weil ich weiß, was ich sah: sie *konnte* mich *nicht* anders lieben. Meine Liebe war wie die in die Erde gerammte Stange einer Flagge, von der ich wußte, daß ich sie erobert hatte. Ihre Liebe war wie eine vom Wind gejagte Flamme, das konnte ich an ihrer beim Gehen nach vorne geneigten Gestalt erkennen, an ihren Augen, leider, die alles beiseite lassend in eine Richtung geheftet waren, sie war als ganzes wie ein Baum im Wind, obwohl es ruhig war, aber weil ich sie liebte, paßte ich mich sofort und gerne auch mit meinem Geist an dieses unsichtbare und für mich nicht existierende Dahinhetzen an … »Ich muß mit ihr gehen,« dachte ich mir, »wenn sie mich liebt und noch nicht sieht.« »Sie kann mich sehen, sie sieht mich, aber so weit weg, daß wir nicht einmal dort hinkommen,« dachte ich mir.

* * *

Am ärgsten von allem sind die Nächte. Heute träumte mir etwas, was mir sehr häufig im Traum erscheint: ich hetze zu einem Bahnhof – und der Zug ist schon über alle Berge; oder ich komme in der Nacht in eine große Stadt, muß, ob ich will oder nicht, in einer Stunde wieder abreisen – und in dieser kurzen Zeit soll ich diese ganze Millionenstadt ablaufen, um Die, die meinetwegen stirbt, zu finden und eine Sekunde lang sehen zu können … Sie aber ist nirgends gemeldet, und niemand weiß etwas von ihr! Ich, ich würde sie retten, würde sie vielleicht erlösen – aber in einer Stunde – in einer Stadt mit Millionen Menschen – und keiner weiß von ihr.

Und unter meinen nunmehrigen Träumen – ich kenne die Zeit nicht, kenne nicht die Tage – war auch folgender: Ich liege in der Nacht und bei völliger Stille in einem großen Zimmer, das deswegen so groß war, damit ich wissen sollte, wie groß es leer ist, obwohl mehrere Leute an meinem Bett standen und sprachen, die mich zwar sahen, aber trotzdem nichts von mir wußten – aber links von mir stand eine bleiche Dame und sagte auf einmal zu mir: »Ich kann mir nichts *wie ein Priester* vorstellen – das heißt: ich kann es nicht *leben*!« Ich gab keine Antwort, nur mein Körper wurde noch starrer und kälter, meine Antwort allerdings – weiß Gott, wie das so jählings passieren konnte, fand ich auf meinen Knien: ich sitze halbaufgerichtet auf meinem Bett, und auf meinen Beinen, auf der Decke vor mir lag ein

BUCH.

Seine ersten Seiten waren wie die Blätter von anderen Büchern, mit Lettern bedruckt und mit Zeilen und ohne Verzierungen und ohne Bilder. Das waren die Blätter auf der linken Seite. Als es aber vor mir aufgeschlagen war: da gab es auf der rechten Seite keine Buchstaben mehr, die Blätter waren nicht mehr aus Papier, sondern so wie fingerdick starke, genau geschnittene Weißbrotscheiben, und es steckten in ihnen wie in Gußformen auseinandergeschnittene Nüsse, eine Hälfte schön symmetrisch gegenüber der anderen und Zeile für Zeile, und die nicht mehr so frischen klapperten in ihren Höhlen, fielen aber beim »Umblättern« nicht heraus, als ob sie an unsichtbaren Stielen hingen – die neusten aber waren ganz frisch, wie gerade erst auseinandergeschnitten, sodaß sie vor Frische fast glänzten und dufteten und in ihren Gehäusen fast gar nicht klapperten, auch wenn man die »Seiten« noch so heftig wendete – – –. Danach wurde ich wahrscheinlich ohnmächtig. Und als ich zu mir gekommen war und aufwachte, stand niemand mehr um mich herum, aber es war dunkel, und die Dunkelheit war ganz schwarz und lautlos – und da sehe ich plötzlich: von der Tür schleicht geduckt ein Gespenst zu mir her, das die Farbe einer Mondwolke hatte, nur sehr matt, und ich bemerkte, wie ungeduldig es war, mich zu erwürgen. Als es schon bei meinen Beinen angelangt war: da packte ich das Buch, das auf meinen Knien lag und schleuderte es ihm ins Gesicht. Es rasselte nur so...

* * *

Aber heute verlebte ich eine traurige Nacht. Der Mond schien nicht, und es war auch bewölkt, aber es träumte mir, daß ich *in Prag* auf einem großen Friedhof war, während jedoch dieser Friedhof wie auf einer Anhöhe lag, befand sich Prag irgendwo weit unten, dem Süden zu, und ich befand mich auf diesem Friedhof allein und es war am Abend und es war feucht und kalt, und ich ging über diesen Friedhof zu seiner östlichen Mauer, ich ging entlang dieser unteren südlichen Seite auf einem kleinen Weg, und auf einer Thuje hingen Seidenfasern, und weil ich immer alles auf meinem Weg bemerke und alles Nützliche sammle, nahm ich diese Fäden herunter: sie waren naß vom Regen oder vom Tau, und ich prüfte, ob sie stark waren, und dabei zerrissen sie mir ein wenig, sodaß ich sie hängen ließ, indem ich sie vorsichtig wegwarf – die Nacht brach schon ein, und es war feucht und traurig, und ich weiß nicht, warum ich auf diesem Friedhof gekommen war und woher, aber dann machte ich kehrt, um wegzugehen, öd war die Landschaft und öd war es in meiner Seele, und beim Weggehen nahm ich mir vor, in Prag jemanden zu besuchen – und ich erinnerte mich an diese und jene Bekannten, an alle und sofort sagte ich mir im Geist, daß ich sie nicht besuchen werde, obwohl wir lange und gut bekannt und befreundet waren – todtraurig war ich – und ganz mühelos erinnerte ich mich an *Jemanden Armen* und ich hatte ihn gleich und die ganze Zeit über im Sinn gehabt, in der mir alle die bekannten Freunde durch den Kopf gingen – und die ganze Zeit über, vor allem am Schluß, hatte ich gewußt: nur *Diesen* werde ich in der Stadt besuchen und dann werde ich fortgehen. *Ich weiß nicht, wer er war,* ich weiß nicht einmal, ob Mann oder Frau, ich weiß nur, daß ich todtraurig war und mich mit meinem ganzen Herzen danach sehnte, zu ihm zu gehen, nur zu ihm! Und fortzugehen!

Dann verschwand der Friedhof, und dann war ich wie im Kreuzgang einer Friedhofskirche oder eines Klosters, und es erschienen mir dort lauter Orientalen, Mohren und sie waren wie *fratres laici* dieses Klosters und hatten lauter fremdländische, exotische Tiere bei sich: Kamele und kleinere Tropentiere, darunter solche, die ich noch nie gesehen hatte, eine derartige Gruppe befand sich in Körben auf einem Kamel, es war auch irgendeine weißliche Hirschkuh oder ein Hirschkalb mit einem schönen schlanken und doppelt so langen Hals, als ihn Hirschkälber bei uns haben, dabei – und die Leute waren schwarz, durchwegs Männer und bärtig, wie es Äthiopier gewöhnlich sind, ich ging durch irgendeinen Gang der Kirche, sie kamen gleich durch eine Tür zu mir her und unterhielten sich: »Der ist schön weiß, den lassen wir uns schmecken!« So redeten sie über mich, aber ich schaute, daß ich schleunigst zu einer Tür ihnen gegenüber hinkam (durch die Tür schien die Sonne herein, und ich wollte geschwind zu dieser Sonne hin) und weil ich rechtzeitig an die Sonne kam, obwohl ich noch in diesem Kirchengang stand und vielleicht kommt mir vor, hatte ich auch einen Revolver (aber ich sah, daß er mir absolut nichts genützt hätte) – ließen sie mich in Ruhe, nur auf Art der Wilden wüste Fratzen schneidend, aber einer von ihnen sagte im Vorbeigehen etwas Frivoles über die Frauen zu mir, und ich konnte das nicht begreifen, wissend und sehend, daß dieser Mann ein *frater laicus* war, schließlich fiel mir aber ein, daß das Äthiopier waren.

Dann fand in dieser Kirche ein feierliches Benedictio Ssmi statt, ich inzensierte dabei als Diakon, und der Zelebrant belehrte mich, daß ich es nicht richtig mache, daß ich zuerst rechts, dann links und dann in der Mitte räuchern sollte, aber ich verstand das nicht, ja es kam mir sogar seltsam vor, daß ein Erzpriester sich überhaupt nicht geniert, die Monstranz in den Händen haltend, mir diese Zeremonie zu zeigen ... Es verwirrte mich, daß er, der Erzpriester, *zu mir* gekehrt war.

– –

Also diese zerschlissenen Seidenfäden ...

Ich denke mir schließlich meine Träume nicht aus – und warum sollte ich Seidenfäden erfinden? Als ich sie auf dieser Thuje erblickte, freute ich mich: »Also ist dir doch etwas geblieben ...«

Und als sie mir in den Händen ganz leicht zerrissen ...

Und dieser Friedhof war ungefähr dort, wo der Vyše-hrader Friedhof ist, und dieser arme Mensch war von dort ungefähr in westlicher Richtung, und ich weiß genau, wo und wie weit – aber ich sah ihn nicht, er war in einer Menge von Häusern, ich konnte ihn nicht einmal sehen, denn ich kannte ihn gar nicht: aber über der ganzen Gegend und über der Stadt verdichtete sich die Finsternis, und ihn, den Menschen, sah ich nur als warmes *Licht* von einem friedlichen kleinen Feuer ...

Die Kirche

Schon das Wort selbst ist dir einmal fern und unbekannt und einmal fremd und dann wieder so ekelhaft wie ein Extrakt und ein Produkt des ganzen Ekels auf der Welt, ein andermal ist es wie ein Spukbild und dann wieder durchaus wie ein Rosenhain frühmorgens Anfang Juni, wo dir selbst der Moder durch die Seele fliegt wie Blütenstaub. Man kann sich aber auch noch darüber befremden, daß unser Ohr eine sehr genaue Demarkationslinie zwischen Kirche und Kathedrale zieht. Und wer sich zu den Vornehmeren zählt, der kann in diesem Ressort (von Religion ist die Rede) ohnehin nur mehr eine Basilika und einen Dom halbwegs dulden. Ein gewöhnlicher Priester, ein einfacher Priester, sacerdos vulgaris, ein Priester ohne Insignien – versteht ihr, bitte? – kein Franz von Assisi, Bruder der Sonne und der Esel, sondern ein Priester, lediglich ein Priester, ohne Aureole, ohne Mitra, ohne Inful, ohne violette Toga, ohne Pelzrock mit Marderschwänzen, kein Marder, sondern ein Priester, lediglich ein Priester, ein Priester, der weder Senator noch Mitglied der Nationalversammlung, noch Protektor einer philantropischen Organisation, noch Veranstalter »Geistlicher Konzerte«, noch Besitzer von vier Tageszeitungen, fünf Wochenblättern, neun Monatsschriften, zweier Druckereien, und umsoweniger ein Priester, der hochverdienstvoller Professor an einer höheren Mädchenschule und außerdem katholischer Mystiker und Klassiker ist!

Ein ganz gewöhnlicher namenloser Priester kam in eine große Stadt. Er war so in Gedanken versunken, daß er um sich herum nichts sah und hörte. Man kann sich nur wundern, daß er nicht von einer Kutsche oder einem Automobil überfahren wurde, von denen tausende hier herumkreuzten und umherschwärmten. Glaubt ihr, daß ein Engel des Herrn diesen Priester beschützte, daß er nicht unter die Räder einer Tramway geriet und die anzüglichen Blicke nicht bemerkte, die aus glattrasierten Gesichtern über sein Kollar und noch weiter hinunterglitten, und daß er nicht die zweideutigen Reden angeheiterter Jünglinge und Männer hörte, die in harmloser Ausgelassenheit benebelt aus den Kaffeehäusern und Gasthäusern kamen? Solange er weiter weg war, halbverdeckt von den Rücken anderer Passanten, feuerten die Augen von Mädchen und Frauen ganze Salven ab auf seine Haut, um sich, ihren Irrtum rasch erkennend, wie gebissen wieder in sich selbst zurückzuziehen, und die noch nicht so Versierten richteten ihre Blicke in vorgetäuschter Aufmerksamkeit auf Auslagenscheiben oder Wägelchen, die von Lehrlingen und Hunden gezogen wurden. Das alles sah der Priester nicht, und es gab noch sehr viel anderes, was sich nicht geziemt, von den Männern, Häusern und Straßen einer großen Stadt zu sagen, und was sich höchst peinlich angehört hätte über die Reinheit und die Pracht eines solchen Landeszentrums, und am peinlichsten von allem –

nein: er war insoweit Priester, daß er alles wahrnahm unter allem litt, genau und im einzelnen alles sah, hörte und fühlte, aber genau und im einzelnen nichts zur Kenntnis nahm, daß er, sofern es andere betraf, sich allem widersetzte, und sofern es ihn betraf, alles bejahte um niemandem Unrecht zu tun, niemanden zu verurteilen, Trübsal und Öde nicht zu vergrößern. Alles segnete er im vorhinein und dankte im Geist für alle und für sich selbst. Auch einige Kinder kamen vorbei, und eines von ihnen zeigte mit dem Finger auf den Priester und sagte »He, da geht ein Blinder!« Und da erschrak der Priester Schnell schwenkte er in die nächste Seitengasse ein und kam auf einen kleinen Platz, blieb stehen und seufzte tief auf und streckte sich merklich. Auf diese Weise bleibt ein Mensch stehen, der unterwegs eine Last von seinen Schultern wirft, um sie nach einer Weile wieder aufzuheben. Dieser kleine Platz entsprach jenen finsteren und muffigen Winkeln in jahrhundertealten Bibliotheken, in denen traditionellerweise die vergessenen und nur mehr einem von hundert Novizen verständlichen Stichwörter zu lesen sind, die mit schwarzen römischen Lettern auf trübe, vergilbte Schilder geschrieben sind: *Libri prohibiti, Ascetica, Daemonologia ...*

Dieser Platz war eigentlich gar nicht so sehr ein Platz sondern rief eine Stimmung hervor, wie wenn man die Redewendung »*Das ist dort* gleich hinterm Hof« zu hören bekommt, und es ist fast erstaunlich, daß es in einer Großstadt so abgeschiedene Orte geben kann, denen der eigentliche Strom des Lebens so auffällig ausweicht noch vor einer Minute wart ihr wie in einem Strudel und wie in einem Hexenkessel des Geschehens, des Prunks, des Lärms, des Verkehrs, des Flüsterns, von Stimmen, Lachen, Blicken und Schritten, die nur zum Schein so langsam sind, aber es sind lauernde und zum Sprung bereite Schritte, blutrünstige Blicke, ein Lachen, daß es einem eiskalt über den Rücken rinnt, es sind unnatürliche Stimmen, ein brüllendes Flüstern, der Prunk von Fliegenpilzen und von Schlangen mit Goldkrönchen auf dem Kopf und nicht das Rauschen heiliger Haine, sondern das Rauschen von Insektenflügeln über verlassenen Feuerstätten, das schmatzende Rascheln von Schaben in alten Kaminen, die trägen Bewegungen von Ratten und Wanderratten in den verfallenden Höfen alter Brauereien und Pferdeschlachthöfe .

Auf dem kleinen Platz, auf den der Priester geraten war, gab es keine einzige Häuserfront, und die Passanten hätte man an den Fingern einer Hand abzählen können. Der Priester ruhte sich aus, als wäre er gerade aus einem Krankenhaus für Unheilbare gekommen, in dem das Verlangen, ununterbrochen zu schreien, und der Wunsch nach ständiger Flucht Gesundheit und Leben ersetzen. Welche Stille hier herrschte! Auf der linken Seite befand sich ein Kloster, allem Anschein nach ein Franziskanerkloster, da sein Eingang direkt vom Erdboden wegführte – versteht ihr mich? Keine prunkvolle Fassade, überhaupt keine Vorderfront auf dieser Seite, ja nicht einmal ein einziges Fenster! Nur eine niedrige Pforte, eine Seitenpforte, darüber sofort das Dach, und durch diese Pforte gingen einzelne Menschen durch wie die Körner in einer Sanduhr. Viele waren es nicht. Sicher waren es Menschen, die sich nach heiliger Ruhe, oder sagen wir, nach einer radikalen Veränderung, nach dem absoluten Gegenteil sehnten ... Auch der Priester trat ein. War es am Morgen? Wahrscheinlich am Morgen, nur läßt sich im November dem Himmel nach und noch dazu in einer großen Industriestadt schwer die genaue Uhrzeit sagen. In einem Seitenschiff standen Männer und Frauen. Bestimmt wurde eine sakrale Handlung verrichtet. Aber hier gab es keinen Unterschied zwischen Männern und Frauen. Hier waren Gläubige! Der Priester wollte den Altar sehen. Aber er konnte den Altar nicht sehen. Alles war in der Mitte *verstellt*, und der Priester rief sich in Erinnerung, daß das in Lorettokapellen so üblich ist. Dennoch kam es ihm ungewöhnlich vor. Nach vor traute er sich nicht, ohne zu wissen, warum. Wollte er die Andacht nicht stören? Auch, vor allem aber: er wollte keine Aufmerksamkeit auf sich lenken. Deshalb blieb er in der Nähe der Tür im rechten Seitenschiff stehen, das eher ein Gang war, jedoch kein gerader, sondern er bog vorne nach links ab. Alles ging zu wie bei einem katholischen Gottesdienst: das heißt, da und dort standen Leute und schauten irgendwohin nach vor und redeten nicht miteinander. Mehr ist nicht zu sagen. Aber in der Mitte der Kirche und dort vorne spielte sich wahrscheinlich mehr ab, und dem Priester war es irgendwie peinlich, daß er nichts sehen konnte, weil er aber nicht vorgehen wollte – irgendetwas machte ihm auch Angst – schaute er sich auf der linken Seite um, ob er nicht von hier aus einen Blick auf etwas erhaschen könnte. Links von ihm befand sich eine Holzwand mit allerlei Zierat von Tischlern und Schnitzern, und der Priester-Fremde begriff, daß es die rechte Wand des Chors war, auf dem sich die Sänger befinden, und er wollte auch auf diesen Chor hinauf, der hoch oben war, sah aber keinen Treppenaufgang und fürchtete sich, jemanden danach zu fragen (er war ja vom Land), bis ihm plötzlich der Einfall kam, daß man hinaufklettern könnte und anders gar nicht hinkam. Also begann er hinaufzuklettern, um zu sehen, wo sich alle hindrängen, und was dort vorne geschieht, denn er hatte Sehnsucht bekommen, den Hauptaltar zu sehen, und einen anderen Altar gab es nicht, und seltsamerweise, es gab kein einziges Bild, denn die Wände des Seitenschiffes waren ganz leer und, was gesagt werden muß, sauber, und alles übrige war verstellt, sicher würde also vom Chor oben zu sehen sein, welche Andacht hier verrichtet wurde. Und er kletterte und kletterte, aber je höher er hinaufkletterte, desto nachgiebiger und dünner wurde die Holzwand, die in ein geschnitztes, wahrscheinlich gotisches Spitzenmuster überging, und am Ende bog sie sich unter dem Gewicht seines Körpers ihm so entgegen, daß er nicht mehr weiterkonnte und wieder hinunterkletterte. Er hatte den Eindruck, nicht auf eine Holzwand, sondern wie auf den Wipfel eines Baumes zu klettern, dessen Äste immer dünner und biegsamer werden. Keiner der Anwesenden hatte Anstoß daran genommen und keinem war es eingefallen, ihm einen Rat zu geben. Aber der Priester war traurig, daß er den Altar und, was auf ihm passierte, nicht erblicken konnte. Im übrigen war die Zeremonie wahrscheinlich schon vorbei, weil dem

Priester entgegen eine Schar von Kindern durch das Seitenschiff wegging, paarweise, schön in der Reihe, und neben diesen Kindern eine Art Nonne, die auf Disziplin achtete. Tatsächlich ließ keines von ihnen auch nur ein Flüstern hören, und dem Priester fiel ein, daß sie zur Schlachtbank geführt werden, nur sie wissen es nicht. Trotzdem wirkten sie aber irgendwie traurig, diese Kinder, wahrscheinlich hatten auch sie nichts sehen können, aber als sie durch die Seitentür die Kirche verließen, ging der Priester mit ihnen hinaus, bog allerdings ab in diesen Gang, der von der inneren Pforte hierherführte, und begegnete einem Mann, der es sichtlich eilig hatte. Ungeachtet dessen blieb er, als er den Priester erblickte, stehen und der Priester –? Der geriet einigermaßen in Verlegenheit, aber hinter dem dahinhastenden Mann tauchte dort rückwärts ein Klosterbruder auf, denn er trug eine Ordenstracht samt Kapuze, und unser Priester, sich dem Unbekannten zuwendend, sagte, was ihm gerade in den Sinn gekommen war: »Katholischer Priester?« Alles an dem Mann nämlich entsprach dieser Frage, bei der diese zwei Worte viel weniger zu bedeuten hatten als die Miene und die Stimme und eigentlich nur dadurch begründet waren, daß kein Kollar an dem Mann zu sehen war, und unser Landpfarrer ihm angestrengt aufs Kollar zu schauen versuchte, aber kein Kollar erblickte, weil der Unbekannte sein Kinn an die Brust drückte, sodaß es unmöglich war, das Kollar zu sehen, aber die ganze Angelegenheit wurde in ein paar Sekunden gelöst, – als nämlich der Unbekannte auf jene Frage hin mit dem Kopf nickte und sagte: »Wünschen Hochwürden, daß ich Euch die Beichte abnehme?« Und obwohl unserem Landpfarrer bis jetzt hier nicht der Einfall gekommen war, daß er beichten könnte, entschloß er sich plötzlich, es zu tun, wobei er nur noch bei sich dachte: »Was für witzige und zuvorkommende Leute das hier sind, und wie leicht sie einem diesen Schritt machen!« Er hielt sich auch extra vor Augen, wie sehr dieser Mann in Eile war, und verzieh ihm daher nicht nur jene Frage, sondern war ihm sogar doppelt dankbar dafür und stimmte, eingedenk dieser Eile, ohne zu überlegen zu und kniete sich in diesem Gang sofort zum nächsten Beichtstuhl hin, wobei ihm noch auffiel, daß dort hinten im Halbdunkel immer noch jener Ordensbruder stand. Es war ihm zwar seltsam zumute, als dieser Beichtvater am Beginn seiner Handlung ihn nicht mit einem Kreuzzeichen bezeichnete, es fiel ihm jedoch ein, daß das nicht zum Wesen der Sache gehörte, und daß er den ehrwürdigen Vater ohnehin von eifriger Arbeit und seinem Weg abhielt, ließ daher auch die übliche Einleitung aus und begann augenblicklich zu beichten und sagte: »Ich habe eine verheiratete Frau geliebt ...« Völlig ruhig fragte der Beichtvater: »Wußte sie davon?« Und der Priester sagte: »Sie hat es geahnt, denn heute hätte ich mich mit ihr treffen sollen.« So fragte der Beichtvater weiter: »Und früher haben Sie keine Frauen geliebt?« Hier wurden in dem Priester Zweifel laut, denn er sollte ein Geheimnis sagen, das mit ins Grab genommen worden war, also stand er auf, und auch der Beichtvater erhob sich, und um den Beichtvater herum standen auf einmal mehrere Männer und einer von ihnen redete ihn an: »Herr

Wirt!« Und der Priester Büßer blickte auf seine rechte Hand, auf der ein Kotklumpen lag, der ihn belastete und störte, deswegen ging er auf die nächste Tür zu, die wie eine Küchentür war mit Glasscheiben und einem kleinen weißen Vorhang, er öffnete sie und trat ein, und auf sein Ersuchen hin gab man ihm eine Waschschüssel und ein Handtuch, damit er sich reinigen konnte. Als er schon sauber war und im Begriff wegzugehen, sah er auf einmal, was er bereits vorher bemerkt hatte, ohne ihm eine Bedeutung beizumessen: in der Mitte dieses Raumes auf einer Art Podium und wie auf einem Thron saß in einem Lehnstuhl eine Greisin mit einem pergamentenen und von Falten zerkrümmten Gesicht, und als ob sie Blei in ihren Gliedern hätte, stand sie mühsam auf, wobei zu erkennen war, daß jede Bewegung überaus schmerzhaft für sie war, aber sie richtete sich trotzdem gerade auf, und ihre Augen waren starr und böse, und ihre Lippen bewegten sich wie die Lippen von hölzernen Fetischen in einer unterirdischen Teufelsanbeterkirche, und ihre verkrümmten Hände ausstreckend, schrie sie: »Blut, schnell Blut!« Das war keine menschliche Stimme, sondern so, als ob man die Eingeweide herausreißen würde, und zum Teil auch so, als ob man in einem verlassenen Turm in eine jahrhundertealte Eisentür einen Schlüssel stecken würde, um sie mühsam aufzusperren. Oh, wenn es ein schrilles Quietschen gewesen wäre, aber das hier war ein Flüstern, aus dem es Rost und Grauen hagelt!

Er versuchte zu fliehen, aber die Tür war abgesperrt, und was ihm vorher als Vorhang vorgekommen war und als Glas, war gehämmertes Eisen, und es wäre ver-

geblich gewesen, um Hilfe zu rufen; am ganzen Körper
gelähmt durch dieses Augenpaar und jene Stimme,
spürte er nur noch, wie knochendürre, eiskalte, harte
Finger sich in ihn eingruben, und auf seinem Gesicht einen schnellen und glühenden Atem.

Der Mord

Ich bemühe mich, sehr freundlich zu sein. Freundlichkeit ist das innerste Wesen meiner Seele, rede ich mir ein, aber es nützt nichts. Ach, wenn es nur den Wachzustand gäbe, wie würde sich dann im ganzen Land Freundlichkeit ausbreiten, und alle würden wir ohne Ausnahme wie Tiere leben!

Teure Freunde, ich fürchte mich! Manche Häuser – behaltet es gut in Erinnerung! – sind hochordentlich und sämtlichen Anschlägen und Einflüssen von außen gegenüber hermetisch verschlossen. Sie prosperieren. So scheint es. Sagt einmal zum Beispiel: »Ich habe gehört, eure Henne hat den Pips!« Sagt so ein Wort in einem hermetisch verschlossenen Haus: der Familienvater wird rot und schaut in Panik seine Gattin an, die erbleicht, die Blicke der beiden irren herum wie eine Maus in der Falle, und ihr merkt, daß euch die größte Taktlosigkeit unterlaufen ist. Es gibt geheime Krankheiten. Das Glück, teure Freunde, ist vermutlich die schlimmste unter den geheimen Krankheiten. Wenn es ruchbar würde, daß die Tochter die Fallsucht hat, oder daß ihre Mitgift, öffentliches Gesprächsthema, fingiert ist, und der Sohn, daß er vom Knochenfraß befallen ist – ich bitt euch, wer würde an so einem Haus auch nur anstreifen wollen?

De facto ist jeder Sohn von Knochenfraß befallen. Ist er denn unsterblich? Und kann nicht ein sonst kerngesunder Mensch strotzend vor Kraft unverhofft sterben? Durch einen Blitzschlag oder einen Autounfall? Ein Flugzeug stürzt vielleicht nicht ab? Und sitzen wir eigentlich nicht alle in einem Flugzeug? Da gibt es Erdbeben, da gibt es Hochwasser, Epidemien, Feuerkatastrophen. Warum also sollte eine geheime Krankheit moralisch schlimmer sein als eine öffentliche Krankheit?

Ach, ja: viel zu gern habt ihr eure Kinder und enttäuscht werdet ihr sein, anders ist es gar nicht möglich, denn ein Doktorat und eine Priesterweihe können keinen größeren Wert besitzen als gesunde Knochen. Auch der Kopf ist was wert, wenn ihr schon vom Herzen nichts wissen wollt. Wenn euch aber der gute Ruf eures Hauses lieber ist als ein Kind, gibt das zu denken, denn dann liegt klar auf der Hand, daß im menschlichen Leben nicht der Wachzustand und sein Fangarm Verstand das entscheidende sind, sondern der Traum! Nur daß manche Menschen wirklich glücklich sind auf dieser Welt, so vollkommen glücklich, daß sie nicht einmal auf ihr Unglück verzichten würden! Weil sie auf ihren Traum verzichten müßten.

Ich besuchte eine bekannte Familie an der Peripherie von Prag. Aber wie gerne würde ich auf diesen Traum verzichten!

Es ging schon auf den Abend zu. Müde legte ich mich aufs Kanapee, nur so, und ich hätte auch geschlafen, aber da traf auf einmal Frau Pavla ein, und man bot ihr an, zu übernachten. Ich muß irgendwie gewußt haben, daß man mit dem Platz knapp war, aber es ereignete sich noch folgendes –: gleich nach Frau Pavla kam eine ältere Frau, wenn nicht die Großmutter, dann sicher die Mutter dieser Familie, eine sichtlich unfreundliche Person, die, nachdem sie erfahren hatte, daß man uns ein Nachtlager antrug, unverhohlen ein finsteres Gesicht machte und sagte: »Also wird mir wieder der Kopf weh tun!« Und als ob sich ihre Worte (ein böses Wort ist ein böser Gedanke) in eine Tat verwandelten, siehe da, schon hatte sie einen verbundenen Kopf! Ich glaube daran, daß man von einem Gedanken krank werden kann, wenn er böse ist. Und bucklig kam sie herbeigehumpelt, diese alte Frau.

Als ich das sah, überredete ich Frau Pavla, daß sie über Nacht hierbleiben sollte, ich, ich fände mir leicht in einem Hotel ein Nachtquartier, und ich täuschte dabei den fröhlichen vor, obwohl aus der Gestalt dieser Alten, aus ihrem buckligen Daherhumpeln (mein Gott, versteht mich hier wer?) – seltsamerweise, bucklig war die Alte gar nicht und sie brauchte auch keineswegs Krücken, aber ihr Gang war in einer unverschämten Weise schleichend. Auch eine Kreuzotter ist selbst nicht zickzackförmig, trägt aber ein Zickzackornament auf dem Rücken ... Tatsächlich, so war mir vor der Burg des Todes jener Mensch Unmensch entgegengetreten ... Ich bin wahrscheinlich im Fegefeuer, denn jedesmal, wenn ich mir den Schlaf aus den Augen reibe und aus vollem Herzen zu singen beginne, nähert sich mein Traum, wie eine Schlange im Gras, und beißt mich ... Ist die Liebe wirklich eine Sünde? Und was habe ich getan, daß mir das Lachen verboten ist? Warum darf ich ohne Traum nicht schlafen? Und warum ist es immer der gleiche Traum? Wenn ich ihn wenigstens verstünde und wenn ich wüßte, wohin das alles führt!

Ich sollte keine Bekanntschaften schließen und nicht in gewisse Häuser gehen, weil sie mir dann erscheinen. Am Morgen des zweiten Mai vor fünf Uhr früh träumte mir, daß ich in Prag bin, wahrscheinlich in dem Haus, in dem sich die Slawische Versicherungsanstalt befindet, aber es waren dort einerseits Wohnungen und andererseits eine Kaschemme im Stil jener Spelunken aus Hoffmanns Erzählungen, das heißt eine dieses Namens würdigere, irgendwie geräumigere Kaschemme, also realitätsferner, unwirklicher, ja überhaupt phantastisch ... Irgendwoher, wie aus ihrem eigenen Haus (»Haus« steht hier in einem höheren Sinn, d.h. im Sinn von Familie, ja in einem noch höheren: im Sinn von Eltern, oder Geburtshaus, ja, ehrlich gesagt: wie direkt aus ihrem *Geschlecht* – wißt ihr, was das ist, ein Geschlecht? Wißt ihr, was das ist, in eine Verwandtschaft aufgenommen zu werden? Und wißt ihr, was das ist, vergeblich aus ihr ausgestoßen zu werden? Wißt ihr, was das bedeutet, wenn ein aufgepfropfter Zweig anzuwachsen beginnt, und der fremde Wurzelsaft und der fremde Saft aus allen Zweigen sich mit seinem Saft vermischen und sie in den Blättern und im Obst der ganzen Krone zirkulieren? – Ja, dem läßt sich nur mehr Einhalt gebieten, wenn man den ganzen Baum heraushaut. Habt ihr so einen Baum im Frühjahr gesehen? Er treibt noch Knospen aus, weil er nicht weiß, was passiert ist! Furchtbares träumt ihm, aber er will es nicht glauben! Laßt ihn, rührt ihn nicht an, laßt ihn einstweilen in Ruhe, damit er bei seinem unvermeidlichen, nahen Tod keine Erinnerung an einen Menschen hat! Damit er sich, wenn er allzu sehr leiden wird, damit beruhigt, daß die Sonne oder die Armut von Mutter Erde ihm das angetan haben!). Irgendwoher, wie aus ihrem eigenen Haus kam sie über Treppen von unten heraufgelaufen, fröhlich, leicht, glücklich, in der rechten oder in der linken, oder in beiden Händen, das heißt, bald in der einen, bald in der anderen – es war wie ein Spiel, ach sie spielte mit der menschlichen Dummheit! – hielt sie eine schön gebratene Gänsekeule, hielt sie an diesem *dürren* Knochen – lief über ausladende Holztreppen höher, aber just, weil es auf den Treppen und beim Laufen war, versuchte ich, mein Verlangen in Tat umzusetzen, aber ihr Fuß entglitt meiner Hand von Treppe zu Treppe, bis wir in einem geräumigen Saal mit hölzernen Wänden und Balken angelangt waren. In diesem uralten Raum wurde an Gäste ausgeschenkt, aber sie war wie zu Haus (Haus hier im höheren Sinn), und es war wie ein großes Brauhaus, alles erweckte räumlich einen Eindruck von Großzügigkeit und daher Sicherheit, oder, wenn ihr wollt, von Wohlstand. Es war wirklich ein uraltes Haus, und wenn ein Haus mehrere Jahrhunderte lang aushält, macht es den Eindruck von Sicherheit. Sie traute dieser Sicherheit, und ich traute ihr, auch liebte ich sie, aber ich traute ihr wider meinen Willen, wider meine Vernunft, wider mein Leben und mein Glück, denn ich liebte sie, und sie offenbarte mir ihre Jungfräulichkeit, ihre Herkunft, und ich erblickte ihr reines Blut, wie ein Wanderer zwischen den grasüberwucherten Ufern auf den sandigen Grund eines kleinen Gebirgsbaches schaut.

Und plötzlich sitzt sie da und schaut mich nicht an. Sie hatte sich an einen altertümlichen Eichentisch, einen langen gotischen Tisch mit gekreuzten Füßen gesetzt (alles in diesem Raum ist durchs Alter dunkel geworden, aber dabei heiter, einen Eindruck von Sicherheit einflößend) – und irgendwie kapriziös nagt sie die gebratene Gänsekeule ab, die sie mit einer Hand an dem dürren Knochen hält.

Wahrscheinlich war sie auch hungrig, aber die Art, wie sie ihren Hunger stillte, erinnerte viel eher an Kunst als an Hunger. Vermutlich hatte sie überhaupt nicht geahnt, wem sie hier begegnen würde! Wenn sie nur mir begegnet wäre, versteht ihr? hätte sie ihre gebratene Gänsekeule im Sinne dieses alten geräumigen Hauses, d. h. in aller Ruhe gegessen, schließlich sagte sie mir das auch! Natürlich nicht heute, nicht einmal in diesem Traum, denn sie ist schon tot, wie mir wenigstens von allen gesagt wurde, aber in dieser Angelegenheit traue ich keinem.

Und an diesem altertümlichen, vom Alter dunkel gewordenen Eichentisch (mit absoluter Sicherheit erinnere ich mich, daß er gekreuzte Füße hatte) saßen wir zu dritt: sie und ich und noch ein Mann. Irgendein Bierbrauer, er saß ihr direkt gegenüber, während ich etwas seitlich zu ihrer Linken und zu seiner Rechten, am unteren Ende des Tisches Platz genommen hatte. Daß sie mich nicht ansieht, stört mich nicht im geringsten. Auch diesen Mann schaut sie mit den Augen nicht an, aber auf mich ist ihr ganzer Körper gerichtet, und ich weiß das.

Sie nagt die gebratene Gänsekeule ab, ohne einen von uns beiden anzublicken (im Hintergrund hinter mir und auch vor mir bewegen sich noch ein paar Leute, die aber keine Ahnung haben, was vor sich geht), und jener Mann, der ihr direkt gegenüber sitzt (sie hat große Ähnlichkeit mit der Kaiserin Elisabeth, wie wir sie von Porträts her kennen) und den ich als Bierbrauer bezeichnet habe – auch Gerber könnte er sein: er zog ihr ihre Mütze über die Augen bis zur Nase. Vielleicht habe ich verabsäumt, euch zu sagen, daß sie eine Mütze trug, eine Strickmütze oder irgendeine eben, eine graue Mütze auf den schwarzen jungen Haaren, und der Mann, den ich Bierbrauer genannt habe (auch Gerber könnte er sein), wiederholte immer wieder seine Unverschämtheit, ohne sich darum zu kümmern, daß sie gerade beim Essen war und daß sie sich die Mütze mit der einen Hand aus den Augen rückte, um sie an ihren ursprünglichen Platz zurückzuschieben. Keiner von uns dreien sprach ein Sterbenswörtchen. Sie tat so, als ob sie ruhig weiteressen würde, und sie aß auch, aber ich wußte, daß sie nur so tat und mit ihrem ganzen Körper auf mich geheftet war, und beide wußten wir, daß jeglicher, selbst der diskreteste Widerstand von unserer Seite weitaus schlimmere Folgen haben würde. Ich hatte nicht Angst um mich, sondern um sie und ich fürchtete mich vor einem Mord. Man versucht sich häufig dadurch zu beruhigen, daß man durch Passivität und Sanftmut einen Mord verhindern könnte. Manche Menschen sind für den Tod geradezu prädestiniert! Nicht ihr Ehemann, ein ganz zufälliger Besucher der Bierausschank in einem Brauhof war das und – durfte sich alles erlauben! Er lachte ironisch. Das heißt, ein ganz zufälliger Besucher war er nicht, sondern durch Zufall in dieses Haus gekommen, hatte er sich in diesem Haus etabliert und war jahrelang hier angestellt. Wenn man jahrelang in irgendeinem Haus angestellt oder etabliert ist und auf einmal mit einem achtzehnjährigen Mädchen, das man noch in die Schule gehen sah, an einem Tisch sitzt, dann erlaubt man sich, selbst ein Mann, so manches und wird sogar beim besten Willen kein Sakrileg darin erblicken!

Mein Tod erschien mir in Gestalt eines solchen Mannes. Ich muß nicht wissen, daß er mich gesehen hatte, als ich noch zur Schule ging, aber welche Entschädigung, sagt, hätte für mich darin bestanden, ein Gespenst für jene zu sein, die zwanzig Jahre jünger sind als ich und, wie man sagt, das Leben noch vor sich haben? – Der Grund dafür wird noch tiefer liegen.

Wenn ich mir jene Alte ins Gedächtnis rufe, die in der Abenddämmerung bucklig in ihr Haus gehumpelt kam, würde ich nicht nur an die »schöpferische Ohnmacht des Bösen«, sondern auch an seine Vorherbestimmung glauben. Diese Alte war gleichsam die Verkörperung dieser Abenddämmerung und, ich fürchte mich, das zu sagen: geradezu die Prophezeiung des Bösen. Jemandem die Mütze ins Gesicht zu ziehen, oder nur zu kommen, einfach sich blicken zu lassen, ohne Rücksicht auf irgendjemanden, ja selbst in einem völlig menschenleeren Raum sein Wesen zu offenbaren, darin besteht kein sachlicher Unterschied!

Gleich als die böse Alte in Erscheinung getreten war, hatte ich augenblicklich gewußt, daß mein Schicksal entschieden war, weil ich aber wach war, was bedeutet, daß mein Verstand fieberhaft arbeitete (ich sage »fieberhaft«, und das ist ein Unsinn, denn alles, was wirklich lebt und existiert, kann nicht umhin, »fieberhaft« oder »fiebrig« zu arbeiten, d. h. es muß selbst mit dem allerletzten Millionstel Atom gegen Milliarden seiner eigenen und fremden »Seinsweisen« Krieg führen und kämpfen), leugnete ich sogar vor mir selbst alles, erst recht aber vor Frau Pavla, um die ich Angst hatte, weil sie um mich Angst hatte. Es gab die Redensart, daß man Krankheit mit dem Willen besiegen kann, und ich erkühnte mich, mit meinem Willen den Tod zu besiegen, was keiner sich erdreisten würde, wenn er nicht liebte.

Frau Pavla war nicht vom Tod bedroht, denn der Tod mordet nicht in einer Familie, weil auch er sich *schämt* und Zeugen ängstlich meidet. Es ist bedenklich, wie diese böse Alte in jene Familie gelangt ist!

Es war notwendig, mich *hinaus* zu locken, an einen solchen Ort und in solche Umstände, wo ich keinen einzigen Freund haben würde!

Vor den Augen von Frau Pavla, das heißt, in ihrer Gegenwart, Nähe will ich sagen, kann ich, auch wenn sie schliefe, einfach nicht sterben, noch weniger ermordet werden – also mußte ich hinausgelockt, hinausprovoziert werden, an solche Plätze nämlich, wohin der Blick der Freundschaft nicht mehr reicht.

Wie jeder Himmelskörper, so hat auch jede Freundschaft um sich herum einen Kreis, der die letzte Grenze der Anziehungskraft und damit der Rettung ist. Durch welche Höllen man in einer einzigen Sekunde hindurchgehen kann!

Meine Angst eingestanden hätte ich aber nicht einmal mir selbst, noch weniger einer geliebten Person, auch wenn ich hätte hundertmal getötet werden sollen!

Ich fühlte mich wie ein Vogel, dem man mit einer Rahe das Nest herunterstößt, und das am Abend. Wegen der verdrießlichen Vettel verabschiedete ich mich in aller Eile, denn ich wollte die Würde eines Mannes bewahren. Außerdem verliert der Mensch erstaunlicherweise selbst in den schlimmsten und kritischesten Augenblicken nicht die Hoffnung, weil sein Verstand fieberhaft arbeitet und in einer Art Extase unter einer Milliarde verschiedener Kombinationen unfehlbar und in Sekundenschnelle eine allerletzte Möglichkeit zur Rettung oder einen schmalen Ausweg findet ...

Ich befürchtete auch, daß Frau Pavla sich eines anderen besinnen und mich in dieser Familie übernachten lassen und selbst hinausgehen würde. Deswegen verabschiedete ich mich gewissermaßen resolut und eilig.

Schon bin ich draußen. In der Ferne, wie in einem anderen Tal erblicke ich Prag. Anfangs war von der Stadt nichts zu sehen; dann tauchten die ersten Abendlichter auf, aber die Dämmerung war noch nicht sehr groß. Schon etlichemale hatte ich Prag im Traum so gesehen, immer von der Peripherie und immer auf der Suche nach einem Nachtquartier – welche Verlassenheit!

Irgendein junger Mann schloß sich mir draußen an. Als ob ihn die Abenddämmerung zusammen mit der Peripherie der Stadt hervorgebracht hätte!

Es war mir sehr unangenehm, aber meines Zartgefühls wegen brachte ich es nicht fertig, ihn mir vom Hals zu schaffen, so wie irgendein gemeiner Mensch einem achtzehnjährigen Mädchen eine graue Mütze in die Augen ziehen kann, aber dieses Mädchen absolut nichts zu seiner Verteidigung unternimmt; so nämlich sind die Verhältnisse, so ist die Zeit und so mancher Mensch wird zu früh geboren, während ein anderer vielleicht um hundert Jahre zu spät auf die Welt kommt: etwas ähnliches können wir bei den Blumen oder den Obstbäumen beobachten. Mohn, der zu früh angebaut wird, friert leicht ab, obwohl er auch den strengsten Frösten widersteht, wenn er sich bereits in einem bestimmten Stadium seiner Entwicklung befindet.

Ich hätte diesen Fremden schlicht und einfach, also kalt abwimmeln müssen, aber er schien das geahnt zu haben, weil er sich, um allen Grobheiten und verdienten Gemeinheiten zuvorzukommen, mir gegenüber äußerst ehrerbietig benahm. Ich mißtraute *sofort* der Lauterkeit dieser Ehrerbietigkeit, als einer, der die Form schätzt, und als Feind jedweder Ungehobeltheit verließ ich mich jedoch, wie jeder zum Tod Verurteilte, auf Gnade »im letzten Moment«, das heißt auf das Recht zu leben.

Unter Vermeidung von Gemeinheiten, um den Preis meines Lebens (was ich zu diesem Zeitpunkt aber noch nicht wissen konnte), fand ich daher unter einer Milliarde verschiedener Kombinationen unfehlbar und in Sekundenschnelle die letzte Rettungsmöglichkeit und einen schmalen Ausweg: ich war im Begriff, nach rechts abzubiegen, wo es mich stärker hinzog, und wo auch ebeneres Gelände war, hauptsächlich aber: in dieser Richtung vermeinte ich, den Puls der Stadt zu fühlen, wahrzunehmen – einer Stadt, was Menschen bedeutet, eine Vielzahl von Menschen, Allgegenwärtigkeit und was gegenüber einem einzelnen Menschen eine Ewigkeit von Menschen, folglich Leben von Menschen mit Ausgrenzung des Todes ist – und ich, ich sehnte mich, sehnte mich fieberhaft danach, so bald wie möglich unter Menschen zu sein, weil ich mich heimlich vor meinem Begleiter fürchtete ...

Da ich jedoch bemerkte, daß dieser Kerl *auch* nach rechts wollte (oh weh, er benimmt sich wie ein Schatten von mir!), entschloß ich mich, nach links zu gehen, in der Hoffnung, ihn so loszuwerden, aber völlig entgegen seiner ursprünglichen Absicht bog er plötzlich mit mir auch nach links ab ... Er wiederholte tatsächlich, nicht mit Worten sondern mit Taten jede meiner Entscheidungen ...

Er war ein elegant gekleideter »Strizzi« vom Schlag und von der Art eines Herrn Hanuš B. oder eines Herrn aus der »Roten Sieben«, wirklich wie das Mitglied eines Cabarets oder eines »Gesangsvereins«, der Typ eines verfeinerten Städters, d. h. eines Menschen, dessen Großvater und Großmutter bereits *Stadt*menschen waren, einer, der sich also in der Stadt zu »bewegen« weiß, ein wirklich städtischer Typ – und Beweglichkeit war auch die Haupteigenschaft an diesem unerträglichen

Kerl oder Gecken mit seinem schmalen Arsch (»aus den Hosen könnte man den Burschen beuteln«), mit seinem spindeldürren, beweglichen Körper, dem Blick, der Geste, dem Schritt ... Wenn das alles nicht bewußt oder unterbewußt in Bewegung gewesen wäre, die Sterilität, Leere, Schalheit und die Lüge dieser ganzen Schaufensterpuppe wären zum Vorschein gekommen, aus deren Wesen und zu deren Ehre der lästerliche Satz vom ewigen Getriebe und der ewigen Unzufriedenheit konstruiert worden ist, denn der Teufel ist im Gegensatz zu Gott und seiner Ruhe (*requiem aeternam* dona eis, Domine) ein Eskamoteur und die ewige Unruhe!

Und kaum hatten wir gemeinsam zwei, drei Schritte gemacht, erblickte ich plötzlich links vor uns, wenngleich ungefähr einen Kilometer entfernt, eine Reihe neuer Mietshäuser, wie sie gewöhnlich an der Peripherie der Stadt vorkommen – wußte allerdings in diesem Moment noch nicht, obschon ich es wohl ahnte, daß alle diese neuen Häuser samt ihren Bewohnern eigentlich nur eine Fatamorgana, ein optisches Blendwerk des Guten waren ... Es ist auch bedeutsam, daß wir diese neuen Mietshäuser im Grunde nur von der Seite und von hinten sehen konnten, sie erstreckten sich einen kleinen Hügel hinauf, ihre Fassaden, gewissermaßen ihre Gesichter also, waren jedoch von uns aus nicht zu sehen, und mit meinen Blicken konnte ich, was ebenfalls von Bedeutung ist, vor allem die Dächer, sozusagen die Öffentlichkeit oder die himmlische Unschuld dieser Häuser wahrnehmen ...

De facto handelte es sich um eine Falle, in der ich

mich mit meinen Augen gefangen hatte. Denn als wir näher kamen, erblickte ich durchaus keine Neubauten, sondern Altertümlichkeiten: auf der rechten Seite eine alte Kirche, ungefähr in der Art wie Sankt Johannes Nepomuk am Felsen, vor der Kirche einen schmalen kleinen Platz (wie in Prag vor dem Waldstein- oder Malteserpalais) – wir gehen immer noch den leicht ansteigenden kleinen Hügel hinauf – auf der linken Seite hohe alte Mauern ohne Fenster, blinde Wände, irgendwelche Schanzanlagen – und vor uns eine Art Torweg, ein gemauerter Torweg mit niedriger gewölbter Decke, wo es dem Anschein nach ziemlich lebhaft zugeht (aber dieses Treiben war genauso eine Täuschung wie diese Mietshäuser!), und wie wir so dahingehen, wird in der Kirche gerade die Vesper gesungen ... Erst jetzt nahm ich allen meinen Mut, d. h. mein Vertrauen zusammen und sagte etwas zu meinem aufgezwungenen Begleiter, etwas über diesen Kirchengesang, aber seine Antwort, die äußerst zweideutig war, machte mich stutzig und auch, daß er ausgerechnet bei dieser Kirche sein Wesen, d. h. seine Beweglichkeit zu penetrant hervorkehrte, nämlich schneller zu gehen begann, als es unter normalen Umständen notwendig gewesen wäre, und die Umstände waren schließlich ganz normal, denn als ich diesem Herrn begegnete, war es ihm völlig gleichgültig gewesen, ob er nach rechts oder nach links ging, das heißt er hatte Zeit genug, und auch das ist ein Wesenszug von ihm, daß er immer genug Zeit hat, was einem Landmenschen wie mir, einem Mann der Arbeit nämlich, völlig unbegreiflich ist...

Er ging, behaupte ich, an dieser Kirche rascher vorbei, damit mir nicht in den Sinn kommen könnte, zum Gottesdienst einzukehren, wonach es mich wirklich gelüstete, aber keineswegs aus Frömmigkeit, sondern aus meinem Selbsterhaltungstrieb heraus, und schon war ich knapp daran gewesen, meine Schritte in die Kirche zu lenken, allein zwei Umstände hinderten mich daran: erstens, daß mein aufgezwungener Begleiter mich ohne viel Federlesens an der Schulter packte und mich in Richtung des gemauerten, schmalen Torweges zerrte, und zweitens, mein Gott, daß ich plötzlich in jenen Stimmen, die aus der Kirche herausdrangen, in jenen Vespergesängen, ja sogar in dieser frommen, vertrauten Orgelbegleitung ganz deutlich ein unverschämt, liederlich freches Gelächter hörte … Aber das alles registrierte nur meine Seele, während ich mit dem Verstand alles zurückwies und auch Begründungen dafür fand. Kurz, ich verriet feige meinen Traum! Verriet ihn nicht, aber sicher habe ich ihn verleugnet!

Diese Kirche samt ihren frommen Liedern war auch nur eine gottlose Komödie!

Und kaum hatten wir den kleinen Platz überquert (ein kleiner unverbauter Platz wirkt, wenn man glücklich ist, immer behaglich), kaum hatten wir den kleinen Platz überquert, der zu dem Torweg hin leicht abschüssig war (damit wir uns, d. h. ich nicht erschrecken sollten), wir gehen zuerst durch irgendeine kleine Seitengasse, die mich ziemlich an eine dieser Prager Gassen zwischen »Brückel« und der Karlsgasse erinnerte … Und just in diesem Gäßchen und bei Einbruch der Dunkelheit begegneten wir einem Herrn, der zwar im Vorbeigehen war und weiterging, aber mich wie einen Bekannten, ja geradezu Prominenten grüßte: »Guten Abend, *Monsignore*!«

Im ersten Moment freute ich mich darüber, nicht wegen des Titels, der mir nicht gebührte, und ich wußte sehr gut, daß er mir nicht gebührte, sondern deswegen, weil es eine menschliche Stimme und an mich gerichtet war, ich fühlte mich bereits wirklich nicht mehr verlassen, verspürte Vertrauen in diesem Moment – aber leider, auf einmal begann ich an der Aufrichtigkeit dieses Grußes, ihm Ironie unterstellend, zu zweifeln, weil die Stimme, der Blick, das Lüften des Hutes und sogar der Schritt dieses »Herrn« zweideutig waren!

Du hättest nicht sagen können, noch wissen, wie das von ihm eigentlich gemeint war ... (Oh, ihr Stadtmenschen, Schlangenbrut, in euch kennt sich der Teufel aus! So sagte mir mein Verstand, meine Seele und mein Traum jedoch reden von solchen Dingen ganz anders, wenn sie von ihnen sprechen.)

Endlich sind wir in dem Torweg. Er war gut beleuchtet (damit ich keine Angst haben sollte einzutreten, denn wir vertrauen dem Licht), und es lungerten, auf den ersten Blick durchwegs ordentlich gekleidete, junge Männer darin herum, Jünglinge von der gleichen Sorte wie mein mir aufgezwungener Begleiter. Sie *betrachten* uns.

Ich bemerkte, daß sie uns bestimmt erwarteten. Und noch folgendes bemerkte ich: diese Jünglinge spielten untereinander perfekt abgesprochene Rollen!

Erst da begriff ich, daß dieser Torweg *keinen Ausgang hat* ...

Mein Begleiter legte alle Zweideutigkeit ab, hörte auf, sich zu verstellen und sagte: »Jetzt wird Schluß gemacht!«

Ich fürchtete mich, ihn anzublicken. Er packte mich *leicht* am Kragen (zweifellos kannte er mich jetzt schon), und von den übrigen dieser Tagediebe sonderte sich einer ab und wiederholte (wie von dieser Losung herbeigerufen): »Jetzt wird Schluß gemacht.« Nach diesen Worten kam er mit vorgebeugtem Körper her zu uns und drückte auf der Mauer gleich neben meiner Schulter auf einen Knopf der elektrischen Leitung! Und sein Schritt, sein Blick und auch seine Bewegung gemahnten mich sehr an eine Falltür.

Es war, als ob dieser Kerl wirklich (mit dem Kopf voraus) hinfallen würde, und vor dem sicheren Sturz nur dadurch bewahrt worden wäre, daß er mit seinem Finger den Knopf der elektrischen Leitung berührte. Aber in diesen Bewegungen und in jenem Gesichtsausdruck war gleichzeitig eine durch Erfahrung gewonnene Routine, wie sie Fleischhauergesellen, beziehungsweise Oberkellner in internationalen Hotels an sich zu haben und zur Schau zu tragen pflegen.

Ich machte keinen Muckser, weil ich dadurch meinen Tod nur beschleunigt hätte, es fiel mir nur ein, ihnen die 80 Kronen anzubieten, die ich in der Geldbörse in meiner Brusttasche trug, aber nicht einmal das tat ich, wissend, daß es vergeblich gewesen wäre, weil diese Kerle absolut gewissenlos waren, für sie bedeutete der Tod eines Menschen nichts außer einen Genuß, denn obwohl es ihnen nur ums Geld ging, räumten sie trotzdem alle ihre Opfer ohne Ausnahme aus dem Weg, damit ihr Versteck und ihre Methoden nicht verraten würden: sie liebten (wie dieses Wort hier klingt!) das Geheimnis und gerade dieses Geheimnis verlieh ihren Taten solche Sicherheit: sie gingen ohne die geringste Angst vor, ohne die leisesten Bedenken und ohne jede Unsicherheit, gedeckt durch alle Formen des Gesetzes, der Ordnung und einer guten, weithin bekannt kulturvollen, zivilisierten Gesellschaft: wo sich doch inmitten ihrer Fallen sogar eine christliche Kirche mit heiliger Musik und Kirchengesang befand!

Bedřich Fučík zum Gruß

Mein Freund, erinnern Sie sich an meinen »Mord«?
Wie denn nicht! Schließlich haben Sie ihn mir noch heiß
aus der Hand gerissen, ja, feucht wie ein Kind, muß ich
sogar sagen, das gerade im Muttertau auf die Welt gekommen ist. Ohne Blut wird nichts geboren. Es war
grausam wie der Tod. Es war kostbar. Liebe stellt keine
geringeren Forderungen. Es kann sein, daß wir uns wiederholen. Kinder ein und desselben Vaters sind selten
einander unähnlich, und an den lebenden Kindern können wir ohne Mühe auch einen Vater erkennen, der
längst tot ist. Wir sehen sie. Es ist eine bestimmte Ge-
setzhaftigkeit darin, weswegen der Ehebruch immer bei
allen Völkern in Verruf stand. Die Wahrheit muß unver-
letzt erhalten werden. Treue. Deswegen brechen Kriege
aus. Daher werden Märtyrer und Helden geboren.
Wenn ich keine Dauer haben kann, sterbe ich lieber.
Und ich kann nicht ohne Freiheit aushalten.Ich ertrage
es nicht, ständig bedroht zu sein. Denn wenn ich bedroht bin, ist auch mein Geschlecht bedroht. Und ich
weiß, zu welchem Geschlecht ich gehöre. Es ist keineswegs das geringste. Kein Geschlecht ist das geringste,
Gott läßt sich nicht einschränken. Er liebt die Vielfalt,
er erschafft nicht Kollektive, höchstens Mücken-
schwärme und Silberfischchen, aber jeden Menschen

erschafft er individuell. Jede Seele einzeln, nicht wie beim Vieh.

Nun, mein Freund, erinnern Sie sich an meinen »Mord«? Jeder Mord geschieht außerhalb des Gesetzes. Nichts wird dadurch gelöst, nur kompliziert, aber es bleibt nicht ohne Folgen. Auch nicht ohne Vorsehung. Sanguis martyrum semen christianorum. (Damit jemand Priester, oder Dichter, wird, welche Heiligkeit, oder welche Gemeinheiten dazu nötig waren!) Damit ich über das Werk von Felix Jenewein schreiben konnte, waren Eifersucht, Neid und Verleumdung notwendig. Ich weiß sehr gut, was Ehrabschneiderei ist. Dazu war der Mord an einem toten Künstler notwendig. (Wenn wir ein lebendiger Trieb an einem Weinstock sind, wenn wir mit Gott verbunden sind, dann werden wir auch von unseren Sünden inspiriert.) Ich weiß sehr gut, was ein Mord ist. Ein Mord, wie jeder Terror, ist ein Zeichen der Niederlage. Ein Eingeständnis der Minderwertigkeit. »Ihr habt gehört, daß den Alten gesagt wurde: Du sollst nicht töten! Ich aber sage euch ...« Einmal werde ich Ihnen erzählen, wer Pavla Kytlicová umgebracht hat. Der größte Verbrecher ist derjenige, der einen Schlafenden und Wehrlosen ermordet. Der einen Liebenden ermordet.

Habe ich Ihnen das gleiche nicht schon einmal geschrieben? Als ich gestern erfuhr, daß Sie in Kürze fünfzig Jahre alt werden, dachte ich an Sie, und Ihr Aussehen hat sich in keiner Weise verändert. Was sind schon Jahre! Auch von mir sagt man, daß ich immer derselbe bin. Gott sei Dank, das macht die Inspiration, nicht

wahr? Gott sei Dank, können wir beide sagen: *Singula-*
riter sum ego, donec transeam ... Eine Föhre bleibt eine
Föhre. Sonne und Regen nimmt sie ihrem eigenen Gesetz nach an.

Ich habe Ihnen das gleiche doch schon einmal geschrieben? Aber weil ich Sie kenne, werde ich Ihnen sehr
leicht und gerne erzählen – wenn auch nicht gleich an
dieser Stelle – was ich heute in der Nacht geträumt
habe. Leicht und gerne, weil es wie eine Fortsetzung
meines »Mordes« war, weil es sicher irgendwie gerade
mit Ihnen in Zusammenhang gestanden ist. Die Zeit ist
nichts Leeres, höchstens in der Hölle. Ja, auch der
MORD hat sich weiterentwickelt ... Sie werden sehen!

Hier haben Sie diesen TRAUM, lieber Bedřich!

Keine Angst, wir werden bald fertig sein! – – – – – – – –
Ich war in irgendeiner Ausschank – das sieht mir
ähnlich, nicht wahr? Allerdings habe ich gerade gestern
zwei Mädchen die Kammer und die Stelle gezeigt, wo
meine Mutter gestorben ist (wie Sie wissen, war das
dicht neben einem Wirtshaus, hinter dem Saal – was
habe ich unter diesen Tanzabenden gelitten! Kein Wort
davon in »Grabhügel«, schade – Sie können sich
denken, ein Priester, das vierte Gebot aus dem Dekalog,
die Schamhaftigkeit der Jugend: sie meidet alles Widerliche, am meisten die Tratscherei, das Instrument des
Hochmuts, der Unzucht, des Neides, der Habgier und
allen Egoismus). Auch das hat wahrscheinlich zu meinem Traum beigetragen.

Angeblich bin ich immer gleich, ja, ich werde sogar immer jünger! Na freilich, vielleicht gar noch unsterblich, das wäre »nicht mehr zum Aushalten«. Wenn ich Ihnen nur sagen könnte, was ich bis zum jüngsten Gericht verheimlichen muß.

Ich befinde mich also in dieser Schank, einschenken habe ich mir aber, soviel ich weiß, nichts lassen, von dieser Ausschank aus führten jedoch ungefähr drei Stufen in ein Zimmer hinauf, aus dem ich irgendeine *Stimme* hörte, die mich anzog. Es war eine Stimme unter Stimmen, die Stimme eines älteren Mannes. Sehr bekannt, daher nicht abschreckend ... Wenn ich sofort hinausgegangen wäre, wo ich schon hier war (hier oder dort zu sein, hängt nicht immer von unserer Entscheidung ab), hätte ich den Eindruck erweckt, daß ich Angst hatte. Also trat ich über diese drei kleinen Treppen ein.

Der Raum hatte eine um diese drei Treppen *niedrigere Decke,* das stellte ich sofort fest, hier *hätte* es sehr gemütlich sein *können* ... Dieser Raum war gar nicht so groß, ein gewöhnliches kleines Zimmer, wie bei einem Vorstadtfriseur, drei Sessel nebeneinander – und auf der rechten Seite ging es noch irgendwo hinunter, oder um die Ecke: dort war der Plafond *perspektivisch* noch niedriger – und links war der Plafond perspektivisch, oder sonst irgendwie höher, das heißt näher über dem Kopf, wahrscheinlich befand sich dort irgendein *Podium.* Und ein paar Kerle standen dort herum.

Und bei einer Art Pult, das in der Mitte war, stand irgendein erwachsener Mann und begrüßte mich mit gewisser Ironie, in der Art, was ich denn da zu suchen habe, oder: Na, Du hast gerade noch gefehlt, Du kommst gerade zurecht – einschüchternd war das, ich täuschte Kaltblütigkeit vor und sagte, daß ich seine Stimme gehört und daß sie mich hergeführt hätte.

Er gab mir darauf mit gekünstelter Versöhnlichkeit zur Antwort, daß ich hierbleiben könnte. Vermutlich war er ein Arbeiter, mit einem Gesicht, das wie mit einer Breitaxt gehauen war, unrasiert, und aus seiner Haltung und aus seinen Augen glühte die herrschende Ideologie seiner Klasse. Ich war damit irgendwie in diese Gesellschaft aufgenommen – ich glaube, irgendwie war dort eine zweite, vertrauenerweckendere Ausschank – und auf einmal: ließ mich dieser Mensch in Ruhe, ich bin also schon *gleichsam einer von ihnen* – keiner nahm Notiz von mir, aber ich erblickte zwei Grüppchen: auf der rechten Seite hielt eine ältere Wirtin ein Kalb umarmt, sie nahm es um den Hals und führte es und hielt es nur deswegen um den Hals, damit es ein Fleischhauer abstechen konnte.

Ich kannte diese alte Frau schon vierzig Jahre, sie war die Witwe eines Fleischhauers, weswegen ich mich nicht wunderte, wie sie dieses Kalb hält und wie sie wartet, bis der Fleischhauer es absticht – das hatte ich bald vergessen, aber ich kann nicht vergessen, was sich zu meiner Linken abspielte: Dort unter der niederen Decke und bei *künstlicher Beleuchtung* saß ein etwa fünfzigjähriger Mann, jawohl, so alt war er ungefähr, auf einem Sessel wie beim Friseur, und der Fleischhauer trat zu ihm hin mit dem Messer in der rechten Hand und rammte ihm das Messer direkt in den Mund und zog es heraus. Er hatte nicht richtig zugestochen. Obwohl ich dachte, daß es genügt. Und dieser Mann, der dasaß wie beim Friseur, sagte etwas Seltsames zu diesem Fleischhauer: Du Tölpel, das macht man doch so und so – irgendso ein eigenartiges Wort – er gab ihm mit dem Wort einen Ratschlag, wie man richtig schlachtet, und blieb weiter ruhig sitzen und wartete, wie man richtig zusticht, und dieser Fleischhauer rammte ihm das Messer richtig in den Mund bis zum Schaft und zog dann das Messer heraus, und dieser Mann, der den Fleischhauer instruiert hatte, blieb weiter ruhig sitzen, schloß nur die Augen und preßte fest seine Lippen zusammen, damit das Blut nicht hervorquoll, – es fiel mir besonders auf,wie er die Lippen zusammendrückte, damit kein Blut herausspritzte, und es spritzte auch keines heraus, seine Lippen waren völlig unbefleckt, wie er sie verschlossen hatte –, und so starb er. Wie beim Friseur nach dem Rasieren. Er verblutete nach innen.

In Tasov, am 5. 8. und 24. 11. 1949

Träume über den Jordan

1 In der Nacht vom 11. auf den 12. dieses Monats träumte mir, daß wir gemeinsam durch das breite Tal des Jordanflusses im Heiligen Land gingen. Es war ein sonniger Frühlingstag. Ich überschritt an einer Stelle den Fluß (der Flußlauf war nicht sehr breit, wahrscheinlich war es in der Nähe der Quellen), sie saßen auf einem sanften Abhang einige hundert Schritte weiter weg. Ich forderte sie auf, mir nachzukommen, sie zögerten irgendwie eine Zeitlang, aber dann kamen sie zum Flüßchen hinunter, traten vor, traten ans Ufer (seltsamerweise: ans Ufer auf meiner Seite!), die Uferböschung brach ein und sie verschwanden im Wasser. Ich sprang sofort hin, legte mich aufs Ufer, wühlte mit der Hand unter Wasser, um sie zu packen und herauszuziehen – aber sie verschwanden unter diesem Ufer in der Tiefe, so wie ein Kind unter dem Eis verschwindet, wenn es einbricht …

Ich konnte sie nicht ertasten: und wachte auf.

Vorige Woche hielt Herr Klimeš, der Vorsitzende des Bezirksnationalausschusses (früher Knecht in einem kleinen Dorf bei Modřiče), Kandidat des Tasover Ortsteils Bosna, eine Vorwahlversammlung ab, und stellte dort bei den Liškas sein Wahlprogramm und auch sein Nachwahlprogramm vor: wir geben Tasov einen Arzt setzen ihn in die Villa von Pater Deml und Pater Deml delogieren wir.

Wir erwarten sehnsüchtig Ihre Nachricht über diesen Jordan ...

2 Wir müssen Olmütz noch ausnützen, solange sie noch dort sind. Daher sende ich diese Beilagen, wenngleich ohne Kommentar.

Ich komme dauernd auf diesen Jordan zurück. Sie sind nicht in ihn hineingefallen, sondern hineingeschritten. Sie haben weder ihre Hände gerungen, noch einen Schrei ausgestoßen, sondern sie sind aufs Wasser getreten und augenblicklich untergegangen. Eigentlich ganz. Vielleicht war es nicht absichtlich, meiner Meinung nach sicher nicht, möglicherweise haben sie es nicht geahnt, schließlich waren sie dabei, zu mir ans andere Ufer zu gehen, und als sie so plötzlich verschwanden und ich mit der Hand vergeblich nach ihnen fischte, zitterte ich vor Angst: Vielleicht war dieser Traum also mehr für mich als für sie bestimmt ...

Saepe expugnaverunt me a juventute mea – etenim non potuerint mihi. Mancher Vers leuchtet im Leben nur einmal auf.

Aufrecht, ruhig und blitzschnell sind sie verschwunden, vom Wasser verschluckt. Und vom Wasser fortgetragen. Rosa lachte und ließ, als ich diesen Traum erzählte, die Bemerkung fallen: Das hängt doch auch mit seinem Namen zusammen! Es gibt soviele Auslegungen – aber treffen wir die richtige? Was es auf sich hat, weiß Gott.

Als ich ein Kind war, träumte mir auch von meiner Mutter, wie sie mit den Prozessionen nach Frain auf Wallfahrt ging, gleich hinter Tasov gegenüber der Páral-Mühle blieb sie ein wenig zurück, dort befand sich in der Nähe des Baches ein mit Wasser randvoller Brunnen ohne Einfassung, das Wasser stand genauso hoch wie der Erdboden rundum, die Sonne spiegelte sich in ihm, es war wie ein auf die Erde gelegter Spiegel, ungefähr ein Klafter im Durchmesser, nicht weit von der Straße, Mutter trat mitten auf das Wasser und war wie sie augenblicklich ganz verschwunden. Ich erwachte mit herzzerreißendem Schluchzen, und ich glaube, daß ich damals in Österreich auf »Wechsel« war. Daran mußte ich mich erinnern nach diesem Jordan.

15. 5. und 19. 5. 1954

An einem klaren Sommertag im Freien,
auf dem höchsten Hügel meiner Heimatgegend,
zündeten wir ein Feuer an. In der Nacht,
in der Nacht unseres Todes wird man
die Flamme sehen, so wie am Tag
der Rauch zu sehen ist. Wir trugen Holz zusam-
    men,
wir zündeten ein Feuer an, das leuchtet
in die Nacht und die traurigen Pilger –
die Einsiedler heiterstimmt, aber weder das Holz,
noch das Feuer sind wir.

In Tasov, 16. 2. 1927
Widmungsgedicht für Bedřich Fučík

Heimat

Das Dorf, wo ihr geboren seid, liegt am Grund zweier Hänge, wie der Körper einer Möwe zwischen den beiden Flügeln. Durch das Dorf fließt ein Bach, und so zweihundert Schritte von seinem linken Ufer liegt das Bauerngehöft, wo ihr eure Kindheit verlebt hat. Und so dreihundert Schritte von seinem rechten Ufer ist, oder eigentlich war jene Gemischtwarenhandlung, wo sich vorne der Laden und daneben noch andere Räumlichkeiten befanden: die Post, eine Küche, der Keller, der Dachboden und auch jene Kammer Richtung Nordosten, in der eure Mutter gestorben ist. Und über diesen Bach führt eine Brücke, vor fünfzig Jahren führte freilich nur ein Holzsteg darüber, und auf diesem Steg hat damals eure Mutter in einer Nacht, als sie aus dem Ort aus diesem Kaufmannsgeschäft in ihr Bauernhaus heimging, damals in dieser traurigen, sternenlosen Winternacht auf diesem Steg hat sie einen schwarzen Mann getroffen, er war ganz schwarz, ein schwarzes Gesicht hatte er, und auch schwarze Augen hatte er, und auch seine Stimme war schwarz, nur auf seinem Rücken leuchtete, wenn man so sagen kann, wie mit Kalk aufgemalt, ein weißes Kreuz. Eure Mutter hat sich bekreuzigt, und dieser schwarze Mann verschwand. Möglicherweise waren seine Augen wie zwei glühende Kohlen, denn als wir danach fragen konnten, waren wir noch Kinder, und für uns war schon das mehr als ausreichend, was wir zu hören bekommen hatten. Und dieses weiße Kreuz? Ein unauflösbares Zeichen. *Inextinguibile signum sacramenti.* Vom Messias sang ein Psalmist, daß er ein Wurm und kein Mensch sei und daß er weder Gestalt noch Schönheit an sich habe, und einer der Kirchenväter, vielleicht der Heilige Augustinus erkühnt sich bei der Auslegung der bekannten Falschheit der Rebekka, der Mutter des Patriarchen, sogar zu sagen: *Non est mendacium, sed mysterium.* Ich kenne nur einen einzigen Mann und nur eine einzige Frau, die ihn für dieses Zeugnis nicht anspucken würden. Das reicht zwar zur Glückseligkeit, ja sogar zum Gesang, aber nicht zu einer Niederlage. Seit der Zeit, da die Frauen Priester lieben, gehen alle Männer rasiert. Schade, daß in der Familie der Poetik so plötzlich ein stilistisches Geschöpf ausgestorben ist: Sichindenbarthineinlachen. Nur mehr hie und da in Dörfern findet sich ein Mannsbild, das eine Vorliebe dafür hat, so wie auch noch einigermaßen in der Nachbarschaft von, gleichfalls zum Aussterben verurteilten, Provinzkonventen; in Städten dagegen mit einer Einwohnerzahl, wie sie beispielsweise Olmütz hat, gibt es das nicht mehr.

Es würde einem gar nicht so vorkommen, und man würde es fast nicht glauben, daß nicht die Gesunden einen Arzt nötig haben, sondern die Kranken, und daß es möglich sein könnte, neunundneunzig Schafe in der Wüste zu lassen und nur ein einziges irgendwo zwischen Tábor und Böhmisch Budweis zu suchen.

Eine Schiffssirene heult. Von Split fährt der Dampfer ab, ich sehe ihn zwischen der beleuchteten Schramme der Insel und dieser hohen Zypresse, die mich so lebhaft an Jaroslav Vrchlickýs Verse über die Antike, oder an Rudolf Pannwitz erinnert. Faunohren, ihre winzigen aus der Dunkelheit leuchtenden Äuglein. Das Meer wellt sich, die Kronen der Eichen flimmern, die Wolken fliegen dahin, nur diese Zypresse schwankt kaum merklich.

Aber dort in Mähren ist ein Dorf, und durch dieses Dorf fließt ein Bach, und entlang des Baches liegen Gärten, und der ganze Bach ist von Erlen, Pappeln und Weiden zugewachsen, nur bei dieser Brücke atmet das fließende Wasser in der Sonne, aber im Moment scheint die Sonne nicht, es ist finsterer Abend, und in dem Bach oberhalb der Brücke gibt es einen Behälter, aus dem das Wasser durch Holzrohre in eine Schnapsbrennerei fließt, und am Fuß einer Terrassenmauer oberhalb dieses Troges stehen fünf, sechs Männer, alle jünger als ich, und es ist eine Militärwache, aber alle sind in Zivil, das habe ich erst jetzt erkannt, als ich unter der Brücke durch den Bach watete und zu ihnen hingehe; ich müßte nicht zu ihnen gehen, mein Weg führt in die Ortschaft, durch eine kleine Gasse zu jenem Haus, in dem, Blut spuckend, meine dreiunddreißigjährige Mutter starb, aber etwas zieht mich in die Dämmerung zu diesen Männern hin, es ist das Gefühl des Bedrohtseins. Ich weiß nur, daß dieser Ort gefährlich ist, und daß ich, wenn ich meinen Weg einfach fortsetze, in Lebensgefahr bin, obwohl ich vorerst weder Gewehre noch andere

Waffen sehen kann, aber ich ersehe das alles in dieser Abenddämmerung aus den Bewegungen und den Stimmen dieser Männer, in denen eine zurückgehaltene und hinterhältig, ja sogar heimtückisch zum Vorschein kommende Ungeduldigkeit zu morden liegt ... Einwandfrei sehe und erkenne ich, mit meinen Nerven, meiner Seele und meinem Blut, daß es sich hier keinesfalls darum handelt, daß irgendein Tier getötet werden, sondern daß einzig und allein und ohne viel Federlesens ein Mensch umgebracht werden soll, darin kann man sich nicht irren ... Und irgendein neues Gesetz, irgendeine brandneue Verordnung gibt es hier, wahrscheinlich etwas wie ein Standrecht, und alle diese Männer wissen, daß sie an diesem Abend und zu dieser Stunde bei Einbruch der Dunkelheit jeden beliebigen Menschen töten können, und sie, selbst wenn vielleicht, was ausgeschlossen ist, die alten Rechtszustände wieder einkehren würden, keiner zur Rechenschaft ziehen wird, keiner das, sogar wenn er im Recht wäre, auch nur wagen würde, denn wer einmal die Hand an den Pflug gelegt hat und zu ackern anfängt, der kehrt nicht mehr um: *Revenons sur Nos pas!*

Es gibt eine Vis maior, die zu Recht für sich in Anspruch nimmt, daß Unkenntnis des Gesetzes nicht von Schuld befreit. Daher kann in der Dunkelheit der Dämmerung eine Militärpatrouille mit vollem Recht einen Taubstummen erschießen, der ihre Kommandorufe nicht gehört hat, oder einen Menschen, der ging und ging und so delikat war, oder so entsetzt, daß er nicht stehenblieb und keinen Laut von sich gab. Um den Preis seines Lebens, wahrscheinlich in der Annahme, daß Der, der das Leben gibt, in seinem Voranschlag auch das enthalten hat, was es nimmt, wie uns vorkommt, denn eine Form zu zerschlagen, bedeutet nicht das Material vernichten, und was mir einmal zuerkannt worden ist, damit kann ich tun, was ich will.

Es passierte mir nichts, die Wache erkannte mich rechtzeitig, aber es hätte mir zu Recht passieren können, daß ich ums Leben kam, weil nicht ein einziger unter diesen Männern war, der mich gemocht hätte, wie es sich versteht, und es sich sogar ohne Ausnahme um Leute einer ganz anderen politischen Überzeugung handelte, es sei denn, daß auch das Lachen eine politische Überzeugung wäre. Und so kam ich bei diesen Männern an, und sie blickten etwas von oben auf mich herab und gleichzeitig ein wenig freundschaftlich, und bei einem von ihnen, der hier irgendwie der Kommandant war, konnte ich unter dem schwarzen Schnurrbart und in diesen Spiegelchen seiner chungusenhaften Äuglein deutlich lesen: Kamerad, nur auf mich kam es an! Und lieber werde ich gar nicht sagen, was dieser Mensch gegen mich hatte, denn wer nicht aus meiner Heimatgegend Anno Domini nach einem gewissen Umsturz wäre, der würde es nicht glauben.

Zu Füßen dieser Wache, getarnt vom Gestrüpp entlang des Baches, lagen scharf geladene Militärgewehre, die so plaziert waren, daß sie alle Passanten, das heißt alle Menschen, die von Stránka in die Ortschaft hineingingen, treffen konnten, also gegen die Kasematten und gegen jene gerichtet, die wie auch immer den Bach über-

chreiten wollten. Ich weiß nicht, was diese Vorkehrung
bedeutete, und möchte nicht anfangen herumzuphiloso-
phieren, aber als ich die Wache bereits passiert hatte
und dabei auf das Gestrüpp am Bach trat, das diese
charf geladenen Militärgewehre verdeckte, hob einer
der Männer, offenbar noch ein Gefreiter, das Gewehr
und lud es vor meinen Augen mit einer Messingpatrone
und hielt dabei den Lauf auf mich gerichtet, aber ich
merkte, daß in der Patrone keine Ladung war. Es sollte
eine Art Scherz sein.

Ich überquerte den Bach, ging in die Kasematten, wie
die ebenerdigen Häuser der ehemaligen Baronatsdepu-
atarbeiter genannt werden, und ging von dort aus unter
der Brücke noch einmal durch diesen Bach, durchs Wasser watend und mich neuerlich der Gefahr, erschossen
zu werden, aussetzend, da ich denselben Weg wie beim
erstenmal gehe, und sich die Dämmerung schon so verfinstert hat, daß es fast dunkel ist. Aber die Wache hat
inzwischen ihre Aufgabe erfüllt und kommt mir entgegen, und ich weiß, daß ich nicht mehr in Gefahr bin. Ich
wußte, daß ich nur durch die Dunkelheit bedroht bin,
das heißt, bevor die Leute mich erkennen, deswegen hat
Rudolf Fuchs im Prager Tagblatt gesagt: Alles erhofft
der »Wahnsinnig gewordene Soldat« von diesem *Wie-
dersehen,* und deswegen war meine »Burg des Todes«
nicht die Einbildung einer gemarterten Seele, sondern
eine *Prophezeiung,* auf tschechisch: *Weitersehen.*

Wenn die Buben zweier Nachbardörfer sich auf der
Weide mit Steinen bewerfen und die erwachsenere Dorf-

jugend auswärtig bei Tanzunterhaltungen sich die Köpfe blutig schlägt, das kann ich verstehen. Ich würde auch noch verstehen, wenn ein tschechischer Priester sich in eine ungarische Komtesse verliebte, aber ich würde es absolut nicht mehr begreifen, wenn sie seine Liebe erwiderte, denn dazu braucht es mehr als einen schönen Oberschenkel und neun Ohren. Es ist viel leichter und auch verdienstvoller, einen einzigen gläubigen Moslem zum katholischen Glauben zu bekehren, als sich einen einzigen liederlichen Freund zu erhalten.

Aber ja, ich könnte alles verstehen, schließlich ist die Seele in ihrer unbegrenzten Anwesenheit nicht nur aufs Gehirn und aufs Herz beschränkt, sondern siedelt in allen Gliedern und in jedem Körperteil, also auch in den Beinen und in den Ohren, ihnen Schönheit und verführerischen Reiz verleihend, denn bei Gott wie in der Natur ist alles zweckvoll, mich macht nur eines stutzig, warum man mir, wenn mir mein geliebter Hund krepiert, theologisch verdeutlicht, daß mit seinem Körper auch seine Seele eingegangen ist? Zum Glück gibt es bei Gott keine Halbwahrheiten wie beim Menschen: kann denn etwas verenden, was ich geliebt habe? Es stirbt nur wie der Mensch.

Dieser kleine Mohr, der im neuen Dubrovniker Stadtcafé die Türen öffnet und schließt, rot angezogen wie ein Affe: Hosen bis auf den Boden, ein kurzes Jäckchen, polierte Messingknöpfe und auf dem Kopf ein kleiner Hutdeckel, ein flaches, rundes im Durchmesser auf komische Weise unterdimensioniertes, genauso rotes

Käppchen, als ob es sich ein Specht aufsetzen würde –
ich streichelte ihm übers Gesicht (Otokar Březina machte das in heiklen Fällen auch so, wenn er bemerkte, daß
ein solches Gesicht rundum ratlos ist, wie es vielleicht
nur bei jungen Mädchen möglich ist), und er hätte das
verstanden, mir war allerdings gleich darauf klar, daß
mein Benehmen wenn schon nicht unwürdig, dann wenigstens nicht so passend ist ...

Ich wollte diesem Mohren für einen Augenblick lang
sein Heimatland ersetzen, so wie jemand anderer einer
ungarischen Komtesse irgendwo dort im uruguyani-
schen Dschungel, oder in Böhmisch Lhota ihr Heimatland ersetzen wollte. Pavla Kytlicová konnte das vollkommen begreifen, daher war auch ihr einziger
sehnlicher Wunsch damals in dem Frühjahr in Karls-
bad, ihr einziges Gebet, als sich ihr Tod näherte, in Tasov zu sterben. Sie war eigentlich heimatlos, wie man
sagen würde, denn sie wurde in Wien geboren und hatte
auch über zwanzig Jahre lang dort gelebt, aber Heimat
ist nicht die Gegend, wo wir geboren wurden und wo
wir lebten, sondern die Gegend, in der wir leben und für
die wir bestimmt sind, denn wenn es anders wäre, würde Gott keinen Menschen ins Paradies hineinbekom-
men, und der ungarischen Komtesse würde ihre Pußta
mit den Ziehbrunnen, den Wassertrögen, den Kürbis-
sen, dem Paprika, den Kukuruzkolben und den ungarischen Riesenhornochsen rund um den Plattensee und
mir dieser uruguayanische Dschungel vollauf genügen.

Und dieser Schwarze blickte mich an, als ich mit meinen Fingern sein Gesicht streichelte, er blickte mich an

wie ein Kaninchen. Ich wollte ihm meine Liebe zum Ausdruck bringen, und ich fragte auch, ob er Zigaretten rauche, aber gleich darauf war mir klar, daß mein Benehmen wenn nicht unwürdig, dann wenigstens einigermaßen unpassend ist ... Ich verleugnete daher meine Liebe zu dem Schwarzen.

Und ich liebe dieses dunkelblaue Meer hinter dieser meiner Zypresse und die flimmernden Kronen der Eichen und Feigenbäume und Buchen und Oliven und diesen schwarzen Pinienguß und diese von den salzigen Meereswellen ausgenagte Flanke von Koločep, wo der Dichter Rudolf Pannwitz, ein Freund von Otokar Březina, seine Verbannung verbringt – und zugleich, wie fremd ist mir das alles! So stark und so intensiv fremd, daß ich mir wünschen würde, hier auf der kleinen felsigen Insel zwischen den Oliven zu sterben, weil diese Bäume die erbärmlichsten unter sämtlichen Bäumen des Paradieses sind, trauriger als unsere Weiden, weil sie nicht einmal im Winter ihre Blätter abwerfen, die weder grün noch grau sind – hier zwischen den Oliven, deren Körper so verkrüppelt ist wie der Körper keines anderen Baumes auf der Welt, zerhackt, geplatzt, verkrümmt und hohl, Wunde an Wunde, Schmerz an Schmerz und gar kein Harz zum Vernarben und zwergenhafter Wuchs und keine Biene, weil sie weder Blütenstaub noch Honig hier finden würde, und kein Vogel, weil diese Zweige zu schütter sind und zu weit weg vom Himmel, direkt am Erdboden. Um zu erkennen, daß ein Olivenbaum auch wächst, dazu müßte man wirklich zweimal geboren werden.

Christus konnte in keinem anderen Garten leiden als in einem Olivenhain, weil die Früchte des Ölbaumes keiner ißt und auch keiner sie frisch essen kann: die Früchte des Olivenbaums werden nicht von Menschenhänden gepflückt, sondern noch grün mit Stöcken heruntergeschlagen, weil sie zu fest an den Zweigen angewachsen und es so viele sind, daß es mit den Händen viel, viel zu lange dauern würde, oh Dichter! Und wenn sie es auf diese Weise mit den Stöcken von den Ästen heruntergeschlagen haben, sammeln sie es auf der Erde zwischen dem scharfen Gestein und im trostlosen Gras auf, dieses harte Obst der Ölbäume, das nicht einmal die Schweine fressen, grauslich wie es schmeckt – ich selbst habe diese Frucht gekostet, aber sie war ohne jeden Geschmack, auch kein Öl konnte ich spüren, sodaß ich sie wegwarf – aber würden sie dieses Obst mit den Stöcken doch wenigstens auf einmal von den Bäumen schlagen, es wird jedoch wahrscheinlich nicht zur gleichen Zeit reif, und so gehen sie sogar im November, dem Allerseelenmonat, Tag für Tag mit ihren Stöcken zu diesen Bäumen und schlagen, was nur geht, herunter mit diesen Stöcken, sodaß ich, wenn ich am Morgen aufwachte, damals im Monat November, hier an der Adria, von einem Klopfen wachgerüttelt wurde, das zwar nicht so stark war wie in Prag das Teppichklopfen (mein Gott!), dafür aber mein Selbstbewußtsein nicht minder verletzte.

Aber gerade aus diesen Früchten wird das Öl zum Salben der Propheten und Könige gewonnen. Schlagt sie herunter, zermalmt sie in Stampfmühlen, weicht sie nur ein ganze Monate lang, zermahlt sie zu Brei mit euren Mühlsteinen: *dazu sind sie da!* Schließlich ist auch ihr Blut, Tochter der Erde und der Sonne, in Speisen gesünder als Schweineschmalz!

Heimat ist nicht die Gegend, wo wir geboren wurden und lebten, sondern jene, die uns bestimmt ist. Ich selbst wurde in Mähren geboren, und noch vor zwei Jahren hätte keiner mich überzeugt – noch vor einem Jahr –, daß ich Mähren verlieren werde. Auch in Böhmen lebe ich nicht mehr und woanders habe ich überhaupt nicht gelebt.

Ja, ich lebte und es ist mir zu leben bestimmt auf einer großen Insel inmitten eines unendlichen Meeres in einem Olivenhain. Die einzigen Tiere dieser Insel sind das Schaf, der Esel und die Amsel. Vielleicht gibt es hier auch die wilde Turteltaube, oder die Nachtigall, aber ich habe sie nicht singen gehört.

Monsieur l'Abbé, y a-t-il un homme quelconque dans le monde, dont la lèpre guérirait sous mes lèvres? Dites le moi, c'est important!, je me mettrais tout de suite en route pour le chercher.

Man muß um Mitternacht aus Prag abfahren und bei Sonnenaufgang hinter der Grenze Böhmens aufwachen, um das zu verstehen.

... car ma vie ne sera plus longue que celle de Vous, et les pivoines n'ont pas encore fleuri dans Votre jardin.

Siehst du denn nicht, daß sie schon gestorben ist?

Komm, mein Geist, mein vergossenes Blut, Du, die Du deine Pulsadern geöffnet hast, wenn ich trinken wollte, komm in mein verwüstetes Königreich! Du ärm-

ste von allen, meine Bedauernswerte, Du meine Sans
Nom, und wenn Du willst, setz dich auf meinen Thron,
wenn alle meine Untertanen gestorben sind ....

> Vorbereitet ist das Lager, ein weißes Lager,
> Lilienflammen kreisen um den Mund.
> Meines Ziels Koralleninsel im Stillen Ozean
> steckt ihre Feuerblüte in den Azur und wächst.

In den Landstrich, der meine Heimat ist, kann man von
allen Seiten kommen. Ich denke an nichts anderes als an
meine Heimatgegend. Niemals habe ich an etwas anderes
gedacht. Dafür habe ich Zeugen und, wenn ich einmal
sterbe, werden sie es bezeugen, denn solange ich lebe, ist
es meine größte Freude, ohne Zeugen zu sein, das ist die
einzige Quelle meiner Fröhlichkeit und die einzige Werk-
statt meines Humors. Manchmal ist es nicht zum Aushalten, und ich weiß wohl, daß das ein Germanismus ist,
aber ich liebe Germanismen, um den Menschen nicht mit
grammatischen Heugabeln zu umarmen. Ich umarme
gerne, deshalb kreist mein Wort um den Menschen wie
die Sonne um die Erde: da drüben bei Holubí Zhoř geht
sie auf und dort drüben bei Dolní Heřmanice geht sie unter. Man erzählt, dem sei nur scheinbar so. Daß die Sonne
angeblich überhaupt steht, und nur wir uns angeblich
drehen. Mumpitz: alles dreht sich. Und wenn ich (um
auch poetisch zu sprechen) meinen Arm so um deine
Hüfte schlinge, Geliebte, bewegst Du dich da gar nicht?
Wer dreht sich um? Alles dreht sich!

In meine Heimat kann man von Holubí Zhoř kommen und auch von Dolní Heřmanice. Aber auch von Pyšel, von Naloučany, von Oslava, von Kamenná, und leider, auch von Jabloňov. In diese Richtung gehe ich immer vom Grab Pavla Kytlicovás weg, in dieser Richtung leuchten in klaren Nächten der Große und der Kleine Wagen. Das ist ganz hoch droben: wie oft müßte ein Mensch sterben, bevor er dort nach Billionen Jahren ankommen würde? Und vielleicht ist gerade dort meine Heimat. Warum würde ich sonst eine solche Sehnsucht verspüren?

Und woher kommt es, daß mir hier in Dalmatien die Schwalben nichts zu sagen haben? Und woher kommt es, daß selbst der Rabe, der nach dem Hahnenschrei mit seiner Familie kost, eine ganz andere Stimme hat als sein Bruder dort im Föhrenwald oberhalb meines Hauses? Ich bin völlig überzeugt, daß die Schwalbe, oder die Lerche nur so nach Afrika wegfliegen, wie im Frühjahr die reichen Leute aus Deutschland an die französische Riviera abreisen, oder auf Hochzeitsreise nach Indien gehen. In Wirklichkeit aber, wie auch bekannt, ist die Heimat der Lerche und auch der Schwalbe unser Norden, und nicht nur irgendein Norden, sondern genau dieses oder jenes Dorf, genau dieses oder jenes Feld oder Gebäude ...

So verhält es sich auch bei den Menschen, ob sie es wissen oder nicht. Vielleicht hat Gott befürchtet, daß alle Menschen und alle Tiere und überhaupt alle Lebewesen sich auf einem einzigen Ort zusammendrängen würden, und die ganze übrige Erde leer bleiben würde. Deswegen mahlt der Eskimo seine Flechten, spült sie mit Lebertran hinunter, tummelt sich in Schnee und Eis mit seinen Rentieren und seinen Hunden und in seinen Polarnächten, die kein Ende nehmen, und ist in seinem Bärenfell unter einem Grabhügel aus Eis beim Qualm einer Tranlampe bei seiner Frau und seinen eingefetteten Kindern um nichts weniger glücklich als sein menschlicher Bruder unter Palmen im ewigen Frühling und beim Flug nach Tahiti.

Es gibt keinen Platz auf der Erde, der nicht schön wäre. Überall gibt es Schönheit, aber nicht überall kann der Mensch sich ihrer bedienen. Die Schönheit ist überall, aber ein Recht auf sie erhalten wir nur dort, wo wir sie uns mit unserer Arbeit erringen.

Daher ist auch der Nomade nur scheinbar ein Nomade, weil der Landstrich, der seine Heimat ist, weiter ist, als es sich unsere Augen zu sehen angewöhnt haben. Wenn ein Siebenjähriger zum ersten Mal und allein ins Nachbardorf aufbricht, das von seinem Zuhause kaum eine halbe Stunde entfernt ist, kann er noch nach Jahren von dieser Reise träumen wie von einem Kreuzzug ins Heilige Land. Der körperliche Horizont seiner Augen wird immer weiter und weiter, so wie die Wasserkreise auf einem See von der Stelle an, wo aus tausenden Metern Höhe ein Hydroplan abgestürzt ist, sein geistiger Horizont jedoch wird auch nach Jahren noch in diesem Zentrum bleiben, das man Heimatgegend nennt. Immer wird es sein Archimedischer Punkt bleiben und immer auch seine Achillesferse.

Es gibt nicht eine einzige Tugend von mir, die nicht wie die Kamille, oder die Pfingstrose, oder die Eberwurz, die Nelke und der Waldmeister aus meiner Heimatlandschaft hervorgewachsen wäre: wie die Birke, die Föhre, wie der Wacholder und der Granitblock, wie die blaugrauen und silberblauen Wellen des Korns, an denen entlang im Juni die Wölfe dahinjagen: wie die schweren Nebel und die Herbstregen, wie die grimmig berstenden Eisschollen, oder wenn ein ganz zugefrorener Fluß auf einmal tief aufseufzt zwischen den von Fichtenwald bewachsenen Berghängen: das alles liegt in meinen guten Seiten, die ich aus meiner Heimat habe, auch die Sommerwolken und die im Flug kreisenden Mauersegler, ein Wunder, daß ihnen nicht die Schnäbel vor Seligkeit ins Abendrot bersten: und auch der Gesang der Wiesenlerche, und der Duft von gewendetem und aufgehäuftem Heu, und das ruhige und selbstbewußte Flüstern der Gerstengrannen, wenn sie ein Mittagslüftchen streichelt: und auch das Abendgeläute, das von der Höhe auf die müden Köpfe und Rücken und Hände herabkommt wie eine süßschmeckende Anerkennung von Gott –: das alles, selbst wenn ich es nicht einmal weiß, legt meine Heimatlandschaft in alle meine Blicke, die gut waren, in alle meine Worte, deren Stimme demütig war, in jede Geste meiner Hände, in jedes Aufrichten und Beugen meines Körpers, in jeden Schlag meines Herzens, in jedes Gefühl, in jeden Gedanken, in jede Hoffnung, in jede Verzweiflung, in alles, Gott sei Dank, und weh mir Unglücklichem: in alle meine Träume!

Ich kann nichts Gutes, das ich je getan habe, oder tun

wollte, oder dachte, auf etwas anderes zurückzuführen als auf die Fluren meiner Heimat, aber sogar meine Missetaten und Sünden, jede Schuld, kann ich auch nicht anders rechtfertigen als durch meine Heimat, und wenn ich jemanden hasse, dann haßt ihn meine Heimat, und wenn Gott mir die Gnade schenkt, daß ich jemanden liebe, kann ich nur sagen: Gott, ich nehme dieses Kreuz gerne auf mich, denn Du als einziger weißt, daß es so schwer ist wie der Tod. Wenn uns nicht geglaubt werden wird, können wir nicht lieben. Unsere Sprache, die Sprache unserer Liebe ist unsere Heimatgegend. Wenn ich hier diese karminrote Steinnelke pflücke und sie dir gebe, und du, du würdigst sie kaum eines Blicks und wirfst sie gleich darauf weg, meine Gute, dann siehst du mich nicht. Und wenn ich mit dir hinter einem Granitblock auf einem Hang liege und sage: hörst du das Rauschen der Föhren und den Flügelschlag der Heuschrecken, wenn sie von einer Stelle zur anderen hüpfen, – und du, du hörst das alles nicht, weil du in Gedanken versunken bist: wie kann ich dich lieben, was kann ich dir geben, wenn ich kaum den Mund geöffnet habe, und es mein einziges Verlangen war, daß wir in dieser Pracht gemeinsam schweigen und nur unsere Blicke lautlos wie Strahlen auf alle Dinge rund um uns fallen, im geheimen in unsere Augen zurückkehren, deine in meine, meine in deine, immer kostbarer und kostbarer, bis nicht einmal mehr das notwendig wäre, weder das, noch ein Lächeln mehr, weil es genügen würde, daß wir gemeinsam und ohne Wiederkehr auf einen einzigen Fleck schauen, durch keine, gar keine Finsternis mehr weder in die Tiefe noch in die Weite begrenzt ...

Wahrscheinlich stamme ich nicht von hier,
ich sehe es an diesem Sonnenuntergang;
er kommt mir vor wie eine Tür
in eine Zukunft, ewig lang ...

Ich liebe sie, meine Landschaft, weil ich mit ihr bis auf
Golgatha gehe: alle werden wir gekreuzigt werden, auch
diese Linde, auch dieser Felsblock, auch diese Eberwurz
mit ihrem öligen Herzblatt, auch dieser blaue Himmel,
auch dieser mein Brunnen, auch mein Hund. Aber ich
liebe diese Landschaft, weil sie von den Toten auferste-
hen und in den Himmel aufsteigen wird. Unablässig er-
steht sie von den Toten auf und unablässig steigt sie in
den Himmel auf und unablässig blutet sie auf dem
Kreuz. Ihre Steine werden rufen und aus den Mündern
unmündiger Kinder wird sie ihr Lob empfangen.

Meine Freunde

KRONWICKE, Landkind aus Božena Němcovás Zeiten, Viktorka, Jungfrau, behext von Augen aus der Ferne, unschuldige Mörderin, Besonderheit deiner Heimatgegend, ein Rätsel für alle, dir selbst geheimnisvoll; leidend?, wild, Braut des Blitzes!

SPITZWEGERICH, ist dir nicht manchmal angst und bang zu Mittag dort oben in deinem Minarett?

BILSENKRAUT, verstummter Sänger Sodoms, ausgebrannt sind deine Augen, und um dein Haupt kreist schleichend Irrsinn, Haarband der Ohnmacht und eines unendlichen Taumels – du traurigster von allen, weil der Mensch dich nicht trösten kann ...

* * *

MAIGLÖCKCHEN, zerbrechlicher Traum der Wurzeln von Eichen über Burgjungfern des 13. Jahrhunderts, auch wir haben uns gewünscht, uns in Eichenwäldern zu verlieren und zierliche Gegenstände aus Alabaster zwischen die Finger zu nehmen.

DISTEL, du Dickköpfige, sei gegrüßt! Was fängt eine verschmähte Liebe an?

PFINGSTROSE, in dem Monat, das dem Herzen Gottes geweiht ist, grübelst du nach über das große Geheimnis der Granaten und im Schatten lodernd, ermöglichst du unseren Augen, daß sie in die Sonne der Eucharistie blicken. Die Gesichter der Mädchen erblassen.

WIESENKUCKUCKSNELKE, nur an einem Feiertag gab es bei uns Safransuppe. Wehmütig und unerklärlich sind die Knabenstimmen in einem Choral.

NELKE, gibt es einen Mann oder eine Frau, die Schönheit ohne ein Gegenüber schätzen würden? Und denken sie über unser Schicksal nach, wenn sie uns dem erstbesten an die Brust heften? Und was hat unsere Inspiration mit öffentlichen Angelegenheiten zu tun?

VANILLE, ohne irgendjemanden in der Fremde zu bleiben, ist das weniger schrecklich, als ohne ihn in der Heimat zu bleiben? Gioconda, ein bewölkter Tag ist auch für mich das Sinnbild von Dingen, die unabänderlich sind. Ein Dolch wiederum bedeutet ein zweischneidiges Lächeln für mich, aber am Ende ist die Spitze, und man weiß nicht, außer in der Mathematik (kannst du es glauben?), wo sich die zwei Parallelen treffen.

STIEFMÜTTERCHEN, du hast mir nie in einen Blumenstrauß gepaßt, aber wenn der Totenkopfschwärmer kein Wesen hätte, das ihn liebte, würde er bereits nicht mehr am Leben sein. Wer kennt schon alle Geheimnisse der Nacht!

NATTERNKOPF, was meinst du: hat auch der Igel recht? Und ist es möglich, sich etwas Schönes auszudenken, oder zu sagen, zum Beispiel einen unsterblichen Vers, und nicht als Rebell zu erscheinen? Es lebe der Azur! Es lebe der Azur!

BUSCHWINDRÖSCHEN, wie ist der Blick vierzehnjähriger Mädchen, die an Schwindsucht sterben?

KÜCHENSCHELLE, es ist so leer auf den Feldern in der Karwoche, und die weißen Wolken haben es so eilig, daß sie uns gar nicht beachten, dabei würden wir vielleicht doch irgendein Wort finden und es jemandem von ihnen ausrichten ...

* * *

KLEE, die Hummeln müssen nicht wissen, daß der Heldenmut ihrer Körper, ihre Färbung und ihre Stimme von der Sonne nach geheimer Beratung mit Donner und Blitz geschaffen wurden. Und die Schmetterlinge, mein Bruder, weinen nur mit ihrer Schönheit und dem Flügelschlag.

SEDUM, frag deine Brüder, welches von diesen drei Dingen am weitesten von der Welt entfernt ist: ein Felsblock auf einem abgeholzten Berghang, oder die Wüste – oder ein Dachgiebel?

SCHILFROHR, dort, wo du stehst, ist irgendein Stern vom Himmel gefallen, daß das Wasser aufspritzte.

ZYKLAME, was hat dir denn der Mensch getan, daß du dich so schmollend von ihm abkehrst? Wenn du erst älter sein wirst, wirst du erkennen, daß die Menschen meistens aus Unwissenheit verletzen.

BESENGINSTER, was wäre der Ruhm wert, wenn wir ihn niemandem schenken könnten? Die Liebe kann freilich auch unverstanden leben.

HIMMELSSCHLÜSSEL, man muß nicht gar so betonen, daß die Mutter aller Farben der Sonnenschein ist!

ORCHIDEE, wenn der Zauber des Schlangenkönigs von dir gewichen ist, wirst du dich dann wieder in einen Kolibri verwandeln?

Von der Geißelung träumt die PLATANE.

Ein Kind, geboren nach der Muttter Tod, HERBSTZEIT-LOSE, ein Kerzchen auf armer Leute Gräbern – was nützt da ein Wort?

WEIZEN, wenn es wahr ist, daß ein Menschenherz versteinern kann, müßten wir auch glauben, daß sogar Manna manchmal zu Blei wird.

LINDE, wenn der Blitz in dich einschlägt, sträubt sich angeblich dein ganzes Blattwerk. Durch das Entsetzen der Schwäche: oder durch gesteigertes Leben?

KIEFER, ich wieder würde sagen, daß dir am meisten von allem das Eichkätzchen steht. Der Vogel dort, ich weiß nicht, ob ein Auerhahn oder ein Fasan, ist sicherlich kostbarer, so wie ein indischer Dichter, aber wenn du so dahinschreitest, zappelt er nicht auf deinem Kopf wie ein Fisch im Netz?

FLIEGENPILZ, verschiedene Wesen haben verschiedene Werkzeuge: Zähne, Sporen, Hufe, Panzer, Stacheln, Hörner, Flügel, unheilvolle Blicke, Düfte, Wörter und so weiter. Du hast deine Schönheit und dein Gift. Die Schönheit zur Freude und das Gift zu deiner Verteidigung. Beides hat dir Gott gegeben, preis ihn dafür. – Oder hast du in den Zweigen des Baumes geprunkt, der in der Mitte des Paradieses stand? Dein Glanz deutet darauf hin. Aber daß du an diesen Platz gekommen bist? Und daß ein Schlangenbiß sich so vielen Generationen eingeprägt hätte …? Irre ich mich vielleicht, träumt mir denn …?

»In meinem Haus das Tageslicht
ewig
begehrst dus nicht –«

Woher kommt diese Stimme? Aus diesem Farn? Aus diesem Moos? Ach, wie süß sie ist –
Toman!

TRÜFFEL, du bist so ein Grübler, erzähl uns also, wieviel Zeit es ungefähr braucht, bevor ein Walnußkern zu einem menschlichen Gehirn herangewachsen ist?

PARASOL, freilich hast du ein ruhigeres Leben als deine Tante Medusa, weil zwischen der Meeresbrandung und der der Sonne, wie dich der Kiefernzapfen lehrte, wirklich ein Unterschied ist, denn das Wasserelement versprengt und die Sonne sammelt an. – Was die Kinder betrifft, die dir manchmal den Hut zerschlagen, habe ich Eltern und Erzieher darauf aufmerksam gemacht, daß sie ihnen immer und immer wieder ans Herz legen sollen, daß auch ein Chinese unser Nächster ist.

ESPE, ihr alle und wir alle sind Kinder des Traums, und kommt dir nicht vor, wenn du dich so in der Welt umsiehst (denn letztendlich sieht auch ein Bussard nicht mehr als wir, weil wir jeder nur unserem eigenen Leben und daher unserer eigenen Sicht leben), daß es auf der Erde nur lauter Wanderschaft gibt, entweder weil jeder selbst auf der Suche ist, oder weil irgendein anderer ihn dabei geleitet, denn dem einen ist es auferlegt, die Liebe zu suchen, und dem anderen, an der Liebe zu leiden, so wie du lange unter Espenbäumen gelebt hast, aber Gott weiß, wo du früher gewesen bist, weil es Espen nicht immer gegeben hat, und jetzt bist du unter den Fichtenbäumchen, aber Gott weiß, wohin du noch kommen wirst, denn nicht einmal die Fichten wird es mehr geben, ja, du hast nicht einmal soviel verbürgt, daß dir von allen Erinnerungen und von deinem ganzen Wesen wenigstens noch dein Name bleiben wird! Unser gesamtes Geschlecht und jedes Wesen, soviel auch immer von ihnen du siehst und mit sovielen auch immer du noch zusammentreffen wirst, erhält sich einzig durch die

Pflicht am Leben, die bald grausam, bald süß ist: nicht auf den Schmerz zu vergessen!

* * *

Wo sind die Jahre, SILENE, als Erwachsene sich an der Verlegenheit kleiner Mädchen weideten, wenn sie ihnen Knabenweisheiten erzählten?
8. 9. 1959

EISBLUMEN. Das erste und das letzte Wort. Sprecht, Kinder! Die erste und die letzte Sache. Hinter dem Kopf etwas wie gelbe Federchen. Es ist ein verkümmertes Krönchen. Ein schäbiges Überbleibsel der Macht. In den Annalen dieses Königs steht zu lesen, daß einmal die Schlangen ausschwärmten und den Weinberg angriffen. Und in den Spiralen beim immer enger werdenden Pressen der Trauben drängten sie sich an die Ufer des Lebens, um den Damm der Finsternis zu durchbrechen. Wortlos hat man von ihnen gelernt. Bevor sie das Licht erreichten, erstarrten sie zu Eisblumen und rannen in Tränen herab.
Zermalm sie mit deiner Ferse, Immaculata!
8. 12. 1959

Christa Rothmeier
Jakub Deml, der Sprachmagier aus Mähren

Ich meinte bisher, Dein Königtum
sei über alle Nächte erhoben und heiße Licht ...

Das Lied eines wahnsinnig gewordenen Soldaten (1935)

1910 in der mährischen Provinz. Ein Mann notiert in sein Tagebuch: »Ich bin kein Tier, ich bin kein Stück Holz, ich bin keine Inventarnummer einer Redaktion oder eines Ordinariats. Ich bin ein Mensch. Und ohne Zweifel bin ich ein Slawe.« Es ist Jakub Deml, der am 20. August 1878 als eines von vierzehn Kindern eines Landgreislers und Kleinbauern geboren wurde. Seine Mutter war die zweite Frau seines Vaters, der drei Ehen einging, und sie starb, als sich Deml im Alter von zwölf Jahren im niederösterreichischen Wulzeshofen bei Laa an der Thaya auf Kinderaustausch befand, um deutsch zu lernen.

Nach acht Jahren Priesteramt sieht sich der Zweiunddreißigjährige, den man von einer Pfarre in die andere und schließlich in den Ruhestand versetzt hatte, vor den Trümmern seines Lebens. Er ist zermürbt von langjährigen Maßregelungen und der Bevormundung durch das Brünner Konsistorium und schon seit langem enttäuscht durch die Diskrepanz zwischen seinen christlichen Idealen und der tatsächlichen pastoralen Praxis und dem Benehmen des Klerus. Was ihm seinerzeit als Berufung erschienen war, hat sich für ihn zu einem Alptraum entwickelt, sodaß er nun, ausgespuckt von den Mühlen der Kirchenbürokratie, auch sich selbst entfremdet dasteht.

Nicht nur die Unstimmigkeiten mit seinen unmittelbaren Vorgesetzten und seine Fehden gegen die Borniertheit und Scheinheiligkeit des hohen Klerus, die er 1927 dokumentiert durch die Publikation der gesammelten Korrespondenz dieses ungleichen Zweikampfs, »In bessere Zeiten« betitelt, sondern auch seine eigentliche Berufung als Dichter hatten ihn in eine ausweglos erscheinende existentielle Situation hineinmanövriert. Dazu mögen später, wenngleich nicht in aller Deutlichkeit ausformulierte, Gewissenskonflikte in Fragen des Zölibats gekommen sein, dem er sich trotz seiner Verstoßung aus dem Schoß der katholischen Kirche auf immer verpflichtet fühlte, ohne daß er seine erotischen Neigungen unterdrücken und leugnen konnte. Diesen Schluß lassen die sein ganzes Werk bestimmenden Frauenfiguren, seine inspirierenden »Musen«, zu, ohne die Deml zu keiner Zeit seines Lebens auskam, auch nicht im Alltag.

Finanziell mittellos, ohne feste Bleibe und am Beginn einer außerhalb der Norm stehenden literarischen Laufbahn ist Deml praktisch schon jetzt jener Outsider, der er bis zu seinem Tod am 10. Februar 1961 bleiben sollte. Als er 1912 sein erstes wichtiges Werk, »Die Burg des Todes«, drucken läßt, schreibt er dem Symbolisten Březina, seinem Freund und Vorbild: »Alle verstummten, alle sprangen weg von mir mit Entsetzen, wie von einer Leiche, wie von einem Betrüger, wie von einem Mörder, wie von einem Ketzer ...«

Die eingangs zitierte Tagebucheintragung ist der Aufschrei eines Unbequemen, der bis zu seinem Lebensende gegen Zwänge – echte und eingebildete – revoltieren würde, eines Individualisten, der gegen Mauern anrannte – die ihm die Welt aufrichtete oder er selbst, wobei er sich jeden gangbaren Weg verbaute, wenn ihm der Geruch eines Kompromisses anhaftete. Es ist die exemplarische Aussage eines galligen und gleichzeitig sensiblen Eigenbrötlers, der sich nicht manipulieren, von Institutionen verschlingen, nicht vereinnahmen ließ, der leidenschaftlich kritisierte und polemisierte, ohne selbst Kritik ertragen zu können. Sein zum Unberechenbaren und Paradoxalen inklinierender Charakter, ein fataler Hang, Tabus zu brechen und sich über Normen und Regeln hinwegzusetzen, Grenzen zu überschreiten und sich keinerlei Selbstzensur zu unterwerfen, machten ihn auch in der Literatur zu einem – allerdings inspirierenden – Einzelgänger fern von Gruppen und Schulen. Deswegen pilgerte man zu ihm aus der literarischen Metropole Prag in sein selbstgewähltes Exil nach Tasov, seinen Geburtsort auf der Böhmisch-Mährischen Höhe.

Dort hatte er sich nach etwa zwei Jahrzehnten der Heimatlosigkeit im Jahr 1922 auf Dauer in einem eigenen Haus niedergelassen. Der Großteil seines an die 135 Bücher und Texte umfassenden Gesamtwerks ist dort entstanden und wurde dort im Selbstverlag und meist in einer exquisiten bibliophilen Ausstattung herausgegeben. In seiner bedingungslosen Wertschätzung des Buches dürfte ihn der bibliophile Verleger und »katholische Anarchist« Josef Florian, Entdecker Léon Bloys für die Tschechen, bestärkt haben, mit dem er von 1904 bis 1911 in dessen »Buchmacherkommune« im mährischen Stará Říše (Altreisch) zusammenarbeitete. 1920 wettert

Deml: »... mit geistigen Werten wie mit Kolonial- oder Kurzwaren zu handeln, ist einfach unmenschlich ... Für mich ist ein Buch ein lebendiges Wesen ... Herausgeben, zum Verkauf anbieten, aber auch drucken und setzen kann mein Buch nur ein Mensch, oder ... ein Freund.«

Auf Grund der spezifischen politischen und kulturellen Entwicklung, insbesondere nach 1948 und teilweise durch Demls eigene Schuld, ist sein Oeuvre in Tschechien bis heute einem größeren Leserkreis kaum bekannt, aber auch nicht zugänglich und von der Literaturgeschichte nicht aufgearbeitet. Immer noch gilt daher die Einschätzung Bedřich Fučíks, der bis zu seinem Tod im Jahre 1984 als unermüdlicher Propagator und »Verwalter« dieses monumentalen Textcorpus das Andenken an Deml und gleichzeitig an eine nicht unproblematische Freundschaft lebendig gehalten hatte: »Demls Werk ragt aus der tschechischen Literatur empor wie ein ungeschlachter, mächtiger Felsblock voller Kanten, ein Felsblock mit zahllosen Schichtungen und Spalten.«

Erst 1960, knapp vor Demls Tod, als Stalinopfer aus neunjähriger Gefängnishaft entlassen, bemühte sich Fučík, der in den dreißiger Jahren als Redakteur, Verleger und Entdecker von Talenten im Zentrum der Prager Literaturszene stand, seit etwa Mitte der sechziger Jahre um die tschechische Deml-Rezeption. Zusammen mit Vladimír Binar, dem kundigsten lebenden Deml-Exegeten, stellte er am Beginn der achtziger Jahre geächtet von der Staatskultur eine dreizehnbändige Samizdatausgabe fertig, die gegenwärtig die einzige Gesamtausgabe darstellt, deren offizielles Erscheinen jedoch wider Erwarten bis heute in Böhmen nicht zustande kam.

Sieben Anläufe zu einer kritischen Werkausgabe seit 1931 waren gescheitert, die Originalausgaben seit den

fünfziger Jahren als libri prohibiti einer breiten Leser-
schaft vorenthalten. Der skandalumwitterte Autor
dafür wurde schon in den sechziger Jahren zum Ge-
heimtip eines kleinen Kreises von Adepten und zur
»Kultfigur« des Undergrounds und der Jugend, die sich
wohl mit seiner Revolte gegen eine institutionalisierte
Welt identifizierte – ein Phänomen, das auch nach 1968
neuerlich zu beobachten war. Aber auch der, der sich zu
Demls Monsterwerk in seiner Gesamtheit Zutritt ver-
schaffen kann, wird sich im »Dschungel« der sich ge-
genseitig durchdringenden und überschneidenden
Bücher und Texte, wie selbst Fučík/Binar nicht umhin
kommen, es zu nennen, kaum orientieren können.

Immer waren es jedoch die bedeutendsten Repräsen-
tanten der tschechischen Literatur und selbst innovato-
rische Autoren, die Demls Bedeutung und literarische
Sprengkraft erkannten und ihm als virtuosem Sprach-
künstler den gebührenden Respekt zollten: Von den Li-
teraturkritikern ein F. X. Šalda, von den Poeten Vladimír Holan oder Jaroslav Seifert und vor allem der
führende Avantgardist Vítězslav Nezval, dem sein aus
dem Geist und der Gedankenwelt des Katholizismus
schöpfendes und vom Spiritualismus beseeltes Vorbild
ideell eigentlich diametral entgegengesetzt hätte sein
müssen. In aufrichtiger Bewunderung vor Demls Befrei-
ung aus literarischen Konventionen bezeichnete er, die
dominierende Figur des tschechischen Surrealismus,
1934 Deml als einen »jener wenigen Dichter, die schon
lange vor der Entstehung des Surrealismus Surrealisten
waren«, wie »... Gérard de Nerval, Rimbaud, Lautréa-
mont ...«. »Noch lange, bevor sich die Surrealisten für
den Traum zu interessieren begannen, pflegte Deml seine Träume aufzuzeichnen, und aus diesen Notizen ent-

standen überwältigende literarische Werke, deren Originalität so groß ist wie die Kraft ihrer Suggestivität.« Drei Jahre später kommt Nezval in seinem Buch »Moderne Richtungen der Poesie« zu folgender endgültiger Beurteilung: »Jakub Deml ist außer Karel Hynek Mácha der einzige Vorläufer des tschechischen Surrealismus, denn weder Otokar Březina noch Karel Hlaváček haben in ihren originellen Bildern in solchem Ausmaß auf nebensächliche logische Postulate und traditionelle Stilmittel verzichtet und gewagt, ihre Feder mit den unberechenbaren Schritten ihrer Phantasie verschmelzen zu lassen, wie Jakub Deml.«

In den sechziger Jahren wiederum setzten sich richtungsweisende Literaturtheoretiker und Kritiker wie Jindřich Chalupecký oder Jiří Němec mit Demls Schaffen auseinander, und als prominentester Autor Bohumil Hrabal, der Demls charakteristischstes Verfahren, den oralen Stil, zu seinem dominanten Kunstgriff erhoben hatte. Daß er einer repräsentativen Textauswahl seiner neun tschechischen Lieblingsautoren – »Bohumil Hrabals Lesebuch« – ein weltanschauliches Credo aus Demls Hauptwerk »Das vergessene Licht« (1934) voranstellte, läßt vermuten, daß er sich ihm nicht nur formal sondern auch inhaltlich als wesensverwandt fühlte:

»Es gibt eine Wahrheit des Tages und eine Wahrheit der Nacht. Eine Wahrheit der Kranken und eine Wahrheit der Gesunden. Eine Wahrheit der Kinder und eine Wahrheit der Erwachsenen. Eine Wahrheit der Männer und eine Wahrheit der Frauen. Eine Wahrheit der Lebenden und eine Wahrheit der Sterbenden. Eine Wahrheit der Liebenden und eine Wahrheit der Hassenden. Eine Wahrheit der Glücklichen und eine Wahrheit der Unglücklichen (...) und eine Wahrheit des Hundes und eine Wahrheit der Dohle und eine Wahrheit der Lilie und eine Wahrheit des Wassers, des Schweines, des Tomáš Bat'a, der tschechoslowakischen Bischöfe und der Lacrimae Christi.«

Tatsächlich war Deml ein geradezu fanatischer Verfechter der Wahrheit, freilich einem Wahrheitsbegriff anhängend, der der Vorstellung einer absoluten, für alle gültigen Wahrheit keineswegs entsprach, was von Karel Čapek bis zu Václav Havel eines der zentralen Themen der tschechischen Literatur bleiben und einen Stoff darstellen sollte, der durch den Totalitarismus immer neue Nahrung und Aktualität erhielt. Der Ausgangspunkt für Demls grundsätzlich tolerantes, Eitelkeit und Hochmut aber ausschließendes Wertsystem, mit dem er das Establishment zu verstören wußte, und das zu vertreten nicht immer bequem war für ihn, war eine, die eigene Widersprüchlichkeit nicht leugnende Selbsterkenntnis: »Ich kann keinen hassen, denn ich weiß, wie sehr ich selbst hassenswert bin. (...) Ich liebe die Gerechtigkeit, aber ich kann sie nicht ohne Liebe lieben. Daher ist mir alles Amtliche so aus tiefster Seele zuwider ... ich will keine Gesetze kennen, die nur dem Stolz dienen. Autorität um der Autorität willen ist das gleiche wie Kunst um der Kunst willen. (...) Ich kann einen Sünder lieben, ich bin selbst ein Sünder, Heuchelei jedoch, Hinterlist und menschliche Götter oder Götzenbilder zu lieben, bringe ich nicht fertig. Und wenn ich mit einem Dummkopf rede, dann nur mit einem aufrichtigen ...«

Aus dieser Einstellung heraus verfiel er allerdings auch oft in eine selbstherrlich anmutende kritische Attitüde, durch die er sich zu ungerechten bissigen Attacken hinreißen ließ. Zu den Schmähungen Freunden und Schriftstellerkollegen gegenüber, den lebenslangen Querelen mit Kircheninstanzen, den Hieben gegen die akademische Welt mit ihrem positivistischen, aufklärerischen Elan, kamen auch Ausfälle nach allen politischen Richtungen. Seine Ablehnung des Kommunismus ließ ihn in allem, was die Sowjetunion betraf, rot sehen. Schließlich scheute er, trotz vieler Bekanntschaften und vielfacher Wertschätzung, so auch von Paul Eisner, dem Mittler zwischen tschechischer und deutscher Literatur, sogar vor abfälligen Äußerungen über Juden nicht zurück, während in seinem literarischen Werk gerade jüdisch-alttestamentarische Tradition prägenden Niederschlag fand.

All das trug ihm nicht nur den Ruf eines unverträglichen, streitsüchtigen Polemikers, sondern nach dem Erscheinen seines mit fast peinlicher Offenheit verfaßten Erinnerungsbuches an den 1929 verstorbenen Březina öffentliche Ächtung ein – und erschwerte schließlich die Rezeption seines Werks, vor allem nach dem Zweiten Weltkrieg. Trotz seiner Verurteilung der Schandtaten »deutscher Banditen«, des »Erzmörders« Heydrich, wurde Jakub Deml nach 1948 vor einer drohenden gerichtlichen Verfolgung wegen »Nazikollaboration« nur durch eine Zeugenaussage des zum KP-Staatsdichter avancierten Nezval bewahrt. Dieser hatte schon 1934 in seiner Deutung von Demls Werk einige bestimmende psychologische Wurzeln beleuchtet: »Jakub Deml, ein genialer Dichter, einer der größten Monarchen der Phantasie und der dichterischen Intuition, ist dem praktischen Leben und der Sozietät insgesamt gegenüber einer der Hilflosesten. Und man sollte auch nicht vergessen, daß viele von Demls provokanten und konterrevolutionären Stellungnahmen ... rein destruktiven Wert haben und daß bei ihm von Zeit zu Zeit der geradezu leidenschaftliche und geradezu flagellantische Wunsch zum Vorschein kommt, sich Schlägen auszusetzen, gleichgültig, woher sie fallen.«

Andererseits mutet das von Deml wie ein Puzzle entworfene und streckenweise karnevaleske Panorama der tschechischen Gesellschaft und des Geisteslebens von den Zehnerjahren bis in die Volksdemokratie wie ein Zerrspiegel an, aus dem das ungeschminkte Antlitz seiner Nation herausblickt. Medium und Advocatus Diaboli in einer Person holt der Autor in Verletzung des allgemeinen Konsenses Schattenseiten und kollektiv verdrängte Komplexe mit traumwandlerischer Sicherheit ans Licht, was die tschechische Öffentlichkeit bei ihrem Versuch, in dem jungen Staatsgebilde nach 1918 einen neuen nationalen Mythos zu konstruieren, irritierte. Man fühlt sich daher versucht, an einen von Václav Havel verwendeten Vergleich zu erinnern, in dem er das gegen die Andersdenkenden vorgehende Husák-Regime mit einem häßlichen Mädchen vergleicht, das aus Wut über ihr eigenes Aussehen den Spiegel zerschlägt.

Das Hauptthema von Demls Werk war sein eigenes Leben, und seine Lebensodyssee war vor allem eine innere. Der Hauptschauplatz, um den er seinen Mythos von Heimat rankte und ausspann, war Tasov, von dem er 1948 zu einem Freund bemerkte: »Ich habe angeblich eine ›Reihe von Büchern‹ geschrieben. Sie, teurer Freund, wissen.., daß ich nur ein einziges Buch schreibe. Und wenn es möglich wäre, würde ich es in ein einziges Wort geben. TASOV.« Von einigen Reisen nach Italien, Dalmatien und Deutschland abgesehen – Abstecher ins steirische Ehrenhausen und nach Wien lassen sich kaum in diese Kategorie einordnen, fungieren dieser Ort und seine Umgebung mit der Stadt Prag als negativem Gegenpol dazu als die Kulisse seiner Bücher.

In den zwanziger Jahren widmet Deml Tasov und seiner Familiengeschichte sowie seiner Kindheit gleich mehrere Bücher: Das chronikartige »Gedenkbuch der Ortschaft Tasov« (1920–1929), »Pulsader« und »Grabhügel« (beide 1926) sowie den Nachzügler »Gruß aus Tasov« aus dem Jahr 1932. Entgegen diesen konkreten Beschreibungen von dokumentarischem Charakter ist der 1935 in Dubrovnik und auf der Insel Koločep niedergeschriebene Text »Heimat« die literarische Transkription einer zum Komplex verdichteten seelischen Befindlichkeit, der zu einem Zeitpunkt verfaßt wurde, als sich Deml zum zweiten Mal in seinem Leben aus der Heimat vertrieben fühlte und sich ihrer, besser gesagt seiner Verwurzeltheit in ihr, sichtlich von neuem versichern wollte.

Heute liegt dieser wie ein Archetyp in Demls Schaffen wiederkehrende Ort nahe der Autobahntrasse Brünn–Prag inmitten einer durch die kommunistischen Kommassierungen ihres Reizes teilweise beraubten Landschaft. Ob sich seine Bewohner dessen bewußt sind, daß sich hier abseits des Landeszentrums Prag ein Kristallisationspunkt der modernen tschechischen Literatur befindet, der als Alternative zum offiziellen Kanon bis in die Gegenwart ausstrahlt, und zusammen mit Florians Bücherwerkstatt in Stará Říše die »Wiege« des tschechischen Renouveau catholique ist?

Auch die »Helden« des Demlschen Werks stammen aus seinem Leben: seine Mutter Antonie, seine von Kindesbeinen an todkranke Schwester Matylka, sein älterer Halbbruder, der »Meister« Březina, F. X. Šalda und andere Autoren, seine »Musen« Eliška Wiesenbergerová, Pavla Kytlicová, Katherina Gräfin Sweerts-Sporck, Marie Rosa Junová sowie als Verkörperung des Bösen sein Intimfeind Bischof Huyn aus Brünn (von 1916 bis 1918 Prager Erzbischof). Zum Teil fungieren sie als Dialogpartner, zum Teil sind sie zu Kultfiguren stilisiert, zu denen sich der Logos und das Gute, symbolisch repräsentiert durch das Licht, sowie deren Gegenfigur, der – verschiedenste Gestalt und Form annehmende – Tod gesellen. Auch die Angst und die Zeit spielen eine wichtige Rolle in diesem Szenario.

Der immer präsente, dominierende Hauptheld aber ist Deml selbst, Autor und Akteur in einem, einmal der Priester, einmal der Dichter, einmal der Fremde, der Einsame und Verstoßene, ein Gehetzter und Pilger, dann wieder ein Liebender und Schwärmer, zumindest aber der Fokus, durch den gebrochen Dinge und Ereignisse ihre Strahlen auswerfen. Und fast immer ist dieses – nach herkömmlichen Kriterien nicht logisch, nicht chronologisch aufgebaute, einzelne Themen und Motive immer von neuem wiederaufnehmende Werk auch dort, wo es sich äußerlich als Monolog darstellt, ein Dialog – mit anderen Texten und Autoren, mit einem oft unsichtbaren Partner, mit einer gedachten Lesergemeinde oder mit dem Verfasser selbst, und im wirklichen Leben nicht selten einer, der vor Gericht endete oder zu enden drohte.

Bei einem weitgehenden Verzicht auf traditionelle Genres entwickeln sich Demls Texte assoziativ nach den Gesetzmäßigkeiten einer von seinem Inneren diktierten Chronologie und Topographie, wobei sich Vergangenheit und Gegenwart, Reales und Irreales auf einer Ebene vermengen und sich Hohes und Niedriges, Pathos und

Trivialität, Trauer und Humor mischen. Auf diesem Ozean seines Gefühlslebens, den Deml jeweils verschiedene Grade von Bewußtheit annehmen läßt, schlingern Themen und Themensplitter, durcheinandergewirbelt, in immer neuen Konfigurationen dahin und sind nicht selten davon bedroht, von den Wogen dieses Ozeans in stilistischer Hinsicht verschlungen zu werden. Entsprechenden Vorwürfen baute er jedoch schon früh so vor: »Stillos sollen meine Bücher sein? Dann möchte ich endgültig vermerken, daß ich weder bei der Neugotik noch bei modernen Zinshäusern gelernt habe, was Stil ist, sondern von unterirdischen Flüssen, und daß ich aus allen meinen früheren und gegenwärtigen Büchern ein einziges Buch schaffe, indem ich für alle Zeiten alles weglasse, was nur Sand war, aber wessen es bedurfte wie Gold für dieses vielleicht alleredelste aller Zeiten.«

Als Jakub Deml knapp nach der Jahrhundertwende den Grundstein zu seinem Buch legte, war das geistige Klima unter den tschechischen Künstlern und Literaten von den Gefühlen der Unsicherheit und Stagnation geprägt, und so manche von ihnen entflohen – nicht selten zu Fuß! – der kakanischen Enge ins westliche Ausland, vor allem nach Paris. Die Vagabondage, wie sie Deml gezwungenermaßen zwischen 1904 und 1922 durchmachen mußte, war als Ausdruck des Freiheitsdrangs und als Akt der Revolte geradezu zur Modeerscheinung jener Generation geworden, die auch den Symbolismus als dominierende literarische Richtung der neunziger Jahre zu demontieren begann und in Bohemezirkeln an der damaligen Prager Peripherie zusammenlebte. In ihrem Zentrum standen polizeibekannte Anarchisten wie S. K. Neumann, Fráňa Šrámek oder František Gellner. Gelegentlich verkehrte auch Jaroslav Hašek in diesen Kreisen, die sich wie er der antimilitaristischen und antiklerikalen Satire verschrieben.

Zu dem Zeitpunkt, als am Vorabend des Ersten Weltkriegs 1912 und 1914 Demls erste Hauptwerke »Die Burg des Todes« und der »Totentanz« erschienen, versuchten die jungen Brüder Karel und Josef Čapek, der tschechischen Literatur und Malerei durch die Propagierung des Kubismus und Futurismus eine neue Richtung zu geben. Eine typologische Verwandtschaft des katholischen »Anarchisten« Deml ist jedoch vielmehr mit ihm seelenverwandten Autoren wie Richard Weiner oder Ladislav Klíma zu sehen, die wie er als tschechische Vorläufer des Surrealismus und Existentialismus einzustufen sind.

Wenn man bei Deml von literarischen Einflüssen sprechen will, wird man sie im 19. Jahrhundert suchen müssen, bei Klassikern wie Karel Hynek Mácha, bei Karel Jaromír Erben, selbst bei Jan Neruda. Er selbst enthüllte folgende Präferenzen: »Die Wertskala meiner Seele: An erster Stelle die Bibel, an der zweiten das Brevier, an der dritten das Missal, an der vierten Anna Katherina Emmerich, an der fünften Otokar Březina, oder Rainer Maria Rilke, einfach: Dichter. Das Brevier und das Missal sind für mich eins. Folglich: An erster Stelle die Bibel, an zweiter Stelle die Liturgischen Bücher, an der dritten Visionäre, an der vierten Dichter ...«

Unmittelbar an der Wiege seiner Geburt zum Dichter stand aber Otokar Březina, dessen symbolistisches Gesamtwerk im kurzen Zeitraum zwischen dem Gründungsjahr der »Tschechischen Moderne« 1895 und dem Jahr 1901 entstanden und in fünf Lyrikbänden konzentriert war: »Geheimnisvolle Fernen«, »Morgendämmerung im Westen«, »Polarwinde«, »Die Erbauer

des Tempels« und »Hände«. Er bestärkte den sechzehn-
jährigen Schüler des Gymnasiums in Třebíč (Trebitsch),
Priester zu werden, und brachte ihm gleichzeitig auch
seine philosophischen und esoterischen Vorlieben nahe.
– Seine freie Zeit verbringt Březina nämlich in der Klo-
sterbibliothek von Nová Říše (Neureisch), wo er von
1888 bis 1901 vor seiner Übersiedelung nach Jaro-
měřice nad Rokytnou (Jaromeritz) bei Znaim als Lehrer
wirkte, mit dem Studium der Philosophie von Platon bis
Schopenhauer, Nietzsche und Bergson, sowie mit der
Lektüre der Werke mittelalterlicher Mystiker und der
Vertiefung in die indische Philosophie; auch in den ok-
kulten Lehren scheint er sich ausgekannt zu haben.

1911, als Deml ohnehin schon vor dem Ruin steht,
sich als Verbannter, Heimatloser und »Abschaum«
fühlt und sich als einer, »der seinen Namen nicht
kennt«, bezeichnet, endet die Beziehung zu Florian mit
einem Krach. Sein »Verfolger« Bischof Huyn ordnet zu
allem Überdruß seine Übersiedelung nach Prag an und
entzieht ihm damit den seelischen Trost durch die einfache Landbevölkerung, die Deml zu allen Zeiten seines
Lebens ihre Zuneigung entgegenbrachte. Auch die Fa-
brikantengattin Wiesenbergerová, die er 1911 kennengelernt hatte und die zur dominierenden Frauenfigur
seiner Werke aus dieser Periode wird, kann ihm keinen
Trost mehr bieten, weil man ihr, bevor sie von ihrer Familie Demls wegen sogar in eine Nervenheilanstalt ge-
steckt wird, jeden persönlichen Kontakt mit ihm und
auch die Lektüre seiner Werke verbietet.

1912 sieht sich Deml in Prag wieder, bei Josef
Váchal, dem Schöpfer eines außergewöhnlichen graphi-
schen und literarischen Werks und genauso ein Outsider wie er. Er wohnt vor allem in den Prager Vierteln

Weinberge, Žižkov und nahe der Neuen Schloßstiegen, Örtlichkeiten, wo seine Träume bevorzugt spielen. Das Prager Erzbistum schließlich verweist ihn auch aus Prag, sodaß das mährische Jinošov, wo er den Krieg über Unterschlupf findet, Šternberk bei Olmütz, wo er in der dortigen Anstalt für Geisteskranke bei einem Arzt wohnt, und die Slowakei zu weiteren Stationen seines unfreiwilligen Exils werden. Nachdem es ihn unter anderem auch noch kurz nach Wien verschlägt, kann er, bereits zusammen mit Kytlicová, ein einfaches Bauernhaus in Tasov beziehen, das ihm der junge Architekt Bohuslav Fuks auf eigenes Anbieten erbaut hat.

Gerade aus dieser langen schweren Krise sind jedoch die Hauptwerke seiner ersten Schaffensperiode entstanden: »Die Burg des Todes«, 1912 in Prag erschienen, illustriert von Váchal und seinem Freund Vladimír Evermod Balcárek, einem Ordensbruder aus dem Kloster Strahov gewidmet, 1914 gefolgt vom »Totentanz«. Die Erstausgabe dieses Buches, in dem unter anderen die Texte »Das ewige Licht«, »Der Weiße Bär« und »Der Fremde« enthalten sind, ist der Wiesenbergerová gewidmet. 1929 wird Deml die beiden Bücher gemeinsam unter dem Titel »Mein Fegefeuer« im Prager Verlag Škeřík herausbringen. Ergänzend reiht er auch andere Texte aus dem Zeitraum vor und nach der Entstehung der Todesburg ein, wie etwa »Der Abgrund meines Geburtsorts«, »Die Landschaft«, »Über Benedikt XV., über einen Provinzbahnhof, über ein Buch aus Nüssen, über Seidenfäden und über Mohren« oder die »Träume von Prag« und aus den zwanziger Jahren »Die Kirche« und »Der Mord«. In allen exzerziert er das Grundthema der Todesburg, die Angst, den Tod, die Geworfenheit durch. Alle diese Traumtexte bedeuten in der damaligen tschechischen Literatur ein absolutes Novum und haben nur im Werk des Romantikers Karel Hynek Mácha, den man vor allem durch sein Poem »Mai« (1836) kennt, und im Schaffen Karel Jaromír Erbens, dem Verfasser der klassischen tschechischen Volksdichtungssammlung »Der Blumenstrauß« (1853) eine Analogie. Wie hoch Březina, der sich als Lehrer von Deml begriff, dieses Buch einschätzte, wurde von Deml in »Mein Zeugnis von Otokar Březina« festgehalten: »Als Sie Ihre Träume (den Totentanz) schrieben, war das Ihre *heroische* Zeit, die wichtigste Zeit Ihres Lebens, und es war kein Glück damals, daß Sie Josef Florian begegnet sind, er konnte Ihnen nichts geben, außer Sie behindern: Sie hätten hier einen großen *Mythos* wie William Blake schaffen können. Aber auch so haben Sie ein Werk – einen Schatz geschaffen, zu dem die Dichter heimlich gehen werden, um ihn auszurauben und Literatur zu machen. (...) Nach Paris sind sie gefahren um den Surrealismus, unsere Kritiker und Poeten, dabei haben sie ihn in Ihrem Werk schon seit langem! Diese Träume von Ihnen stehen in absoluter Übereinstimmung mit der Wissenschaft der Psychoanalyse, sie sind innerlich vollkommen logisch, nur daß das bei Ihnen kein Produkt von Theorien ist, sondern es ist das Leben selbst!«

Eine Art Gegenstück zum Komplex der »Burg des Todes« stellen die Prosapoeme der Sammlung »Meine Freunde« dar, Blumenapostrophierungen, die erstmals 1913 und in endgültiger und erweiterter Fassung 1917 erschienen, sowie die lyrische Prosa »Miriam«, 1916. Darin sublimiert Deml die Liebe zu seiner Schwester Matylka und zur Wiesenbergerová zu einer allgemeinen Huldigung an die Frau. Mit dem Herbarium »Meine

Freunde«, die ein teils ins Philosophische gehender, teils absurd-surrealer Dialog mit der Pflanzenwelt sind und in denen manchen Blumen oder Gewächsen die Eigenschaften von Menschen aus seinem Umkreis oder von ihm selbst verliehen sind, setzte Deml ganz neue Akzente in der traditionellen tschechischen Naturlyrik. Es ist sein beliebtestes und verbreitetstes Buch, das bis in die Gegenwart zahllose Neuauflagen erfuhr und zum festen Bestandteil der Pflichtschullektüre wurde. Für das vorliegende Buch wurde eine Auswahl getroffen.

Den dritten Pol von Demls Werk stellen die tagebuchartigen Sammelbände »Sonnentau« und »Nach Hause« (1912 und 1913) sowie »Für künftige Pilger und Pilgerinnen« (1913) dar, in denen er seine Korrespondenz, Kritiken über ihn, Polemiken und Pamphlete, Kommentare, Aphorismen, lyrische Notizen, Prosa, Traumaufzeichnungen und anderes faktographisches Material, ohne Wertung und ohne bestimmte hierarchische Gliederung archivierte und damit kuriose literarische Montagen kreierte. Dieser Linie seines Schaffens, die er sein Leben lang weiterführte und die ihm persönlich ebenso wichtig und bedeutsam war wie seine Bücher mit weniger augenscheinlichem dokumentarischen Charakter, sind vom Genre her auch die sechsundzwanzig Bände der »Fußspuren« zuzuordnen, die zwischen 1917 und 1941 herausgegeben wurden. Mit diesem in verschiedenen Zeitabständen, mit verschiedenem Format und mit unterschiedlichem Layout erscheinenden Periodikum schuf sich Deml eine Lesergemeinde, mit der er auf diesem Weg intensiv kommunizierte und die er in sein intimes Leben einbezog.

In den relativ ruhigen Zwanzigerjahren in seinem Tasovschen Tuskulum an der Seite von Pavla Kytlicová, die nun die Herausgabe seiner Werke betrieb, leistete sich Deml als einzige Eskapade das Engagement für die national liberale Sokolbewegung, um, wie er sagte, aus der »stinkenden Einsamkeit seines Ichs« herauszukommen. Es war der seltene Versuch, Verankerung in einer größeren Gemeinschaft zu finden, ein Versuch, für den er sich eigenen Worten nach später »zutiefst schämte«. Aus den Werken dieses Jahrzehnts ragt neben dem schon erwähnten Textcorpus über die Heimat die 1924 erschienene Prosasammlung »Flugloch« heraus, in der sich Deml von einer zutiefst menschlichen und humorvollen Seite zeigt.

Als Reaktion auf die durch den Tod Březinas und Kytlicovás (1929 und 1932) ausgelöste Verstörung und den durch sein Březina-Buch provozierten Skandal flüchtete sich Deml an die dalmatinische Küste. Vor diesen drei Reisen zwischen 1932 und 1935 hatte er jedoch im nordböhmischen Kuks die Grafenfamilie Sweerts-Sporck kennengelernt und war in schwärmischer Verehrung zu Katherina Gräfin Sweerts-Sporck entflammt. In einer ohnehin labilen psychischen Verfassung dürfte ihre Zurückweisung mit dazu beigetragen zu haben, daß er in einem Zustand äußerster seelischer Anspannung und im Bewußtsein der völligen Isolation 1934 sein Hauptwerk »Das vergessene Licht« in einer einzigen Nacht zu Papier brachte und sich seine Verzweiflung über Gott und die Menschen von der Seele schrieb. Dieses Buch, das er in einem Brief an einen Freund schon als »Äußerung des Wahnsinns« klassifizierte, vom Genre her aber selbst als »lyrische Symphonie« bezeichnete, gab er zu Allerseelen 1934 in Tasov heraus. Es wurde sofort nach Erscheinen konfisziert, weil »die Sittenpolizei«, wie Deml verlauten ließ, »es nicht erlaubt, daß wahrhaftige Bücher gelesen werden.« Nach einer Berufung des Autors durfte dieses öffentliche Ärgernis dann doch, wenn auch mit neun zensurierten Stellen, erscheinen und wurde von Roman Jakobson in einem Brief als das tragischeste tschechische Werk neben dem alttschechischen Tkadleček (einem Dialog zwischen dem Weber und dem personifizierten Unglück) und dem Werk von Božena Němcová gepriesen.

Enttäuscht von den Tschechen und motiviert durch einen neuen – deutschen – Bekanntenkreis, die Adeligen Sweerts-Sporck und die beiden Bewohnerinnen der Villa »Solitudo« in Dubrovnik, Helena Woedtke und Elisabeth Henke, besann sich Deml der Muttersprache seines Großvaters, die er seinerzeit im niederösterreichischen Wulzeshofen erlernt hatte. Das von manchen als »Kuriosum« belächelte Ergebnis sind einige deutsche Gedichtbände wie »Solitudo« und »Das Lied eines wahnsinnig gewordenen Soldaten« aus den Jahren 1934 und 1935, die zusammen mit den Prosapoemen »Die Prinzessin« 1935 den Kreis um das »Vergessene Licht« schließen und damit den »Fegefeuer«-Komplex abrunden. In den jugoslawischen Tagebüchern »Reise zum Süden« und »Jugo« (1935 und 1936) tritt bereits eine neue Heldin und Dialogpartnerin auf den Plan, die achtzehnjährige Marie Rosa Junová, die Deml 1935 kennenlernte, und die sich seines Haushalts und seiner literarischen Geschäfte mit angeblich so energischer Hand und solchem Eigensinn annahm, daß sie ihm in Kürze auch die letzten Freunde verekelte.

Die wichtigsten Werke waren im Grunde geschrieben, dennoch fuhr Deml in der Ergänzung seines »Fegefeuers« fort, zu dem ihm, dem neuerlich staatsweit Geächteten, die Ereignisse nach 1948 reichlich Stoff boten. Hervorragende Bedeutung unter den späten »Träumen«, die nun einen viel deutlicher erkennbaren konkreten Wirklichkeitsbezug haben, wird dem 1978 erstmals in Wien auf tschechisch veröffentlichten längeren »Herbsttraum« beigemessen, der 1951 nach einem Besuch in einem stalinistischen Internierungslager für aus ihren Klöstern vertriebene Ordensbrüder entstanden war. Bevor Deml am 10. 2. 1961 im Krankenhaus Třebíč stirbt, bringt er die »Eisblumen«, das »Letzte Kapitel Meiner Freunde« zu Papier, zugleich das letzte Kapitel seines sich den herkömmlichen Kategorien psychologischer Prosa entziehenden »seltsamen Seelenromans«, wie Vladimír Binar Demls Œuvre charakterisiert.

Damit war der Schlußstrich gesetzt unter ein Werk, das praktisch alle großen tschechischen Dichter in irgendeiner Weise inspirierte und das an der Nahtstelle zwischen Tradition und Avantgarde steht, ein Werk aber vor allem, das durch die Kraft seiner Imagination und seiner Sprachmagie wegen eine außergewöhnliche Stellung in der tschechischen Literatur des 20. Jahrhunderts einnimmt.

Max Blaeulich
Das Böse, das Poetische und das Höllische. Dazwischen Jakub Deml.

Böse ist die goldene Stadt Prag. Ihr goldig leuchtendes Herz flackert als ein vom Teufel ausgeschicktes Irrlicht-lein, ein Mütterchen mit Krallen, nebst violettem Flie-der und hysterischen Mysterien, ein riesiges Puff, in das alle heimlichen und unheimlichen Trinker wanken, in Vacheks Groß-Popowitzer Bierhaus von Franz Pavliks Witwe vielleicht, genannt ›Alte Hundehütte‹. Doch Prag liegt weit weg von Tasov. Tasov hockt in Galiläa, aber Prag ist Jerusalem, die verhaßte Stadt des Idumäers Herodes des Großen, eines fernen Abkömmlings von Esau, welcher sein Erstgeburtsrecht für einen roten Brei verschacherte, – also dieses Jerusalem verunreinigte sich mit Europas Protestanten. Prag ist das brachialisch durch die heidnischen Römer, durch die verkanzleiten Österreicher, Geheimräte, Assessoren niedergehaltene Jerusalem; ein verhurtes, verdrecktes Jerusalem, aus dem sich die Essener flüchten, ein Ab-ort, dem noch rechtzeitig, kurz vor der Zerstörung durch die Legionen des Titus, auch die Pharisäer den Rücken kehren, voller Zorn Verwünschungen prophezeihend: lieber die Höhlen in der Wildnis Judäas, ihre Vipern und Skorpio-ne, als die bequemen Häuser der jüdischen Götzendie-ner, der wuchernden Steuereinnehmer, der Hurenkinder der Königin Isebel; Schwert und Feuer über sie. Ebenso

Prag. Sie ist die Stadt der Heuchler. Die Kathedralen betrachtend, sieht Deml keine Frömmigkeit, sieht weit und breit keine Kirche, weil sie keine Gemeinde hat. Deml weissagt gegen die heuchelnde Gemeinde, gegen jenes Jerusalem, das opfert, opfert, opfert und dessen Rauch der Oberste der Oberen nicht riechen kann, dessen Räucherwerk ihm ein pestilenter Gestank, ein Gehennagreuel, ein Hohn ohnegleichen ist. Und genau dieses Jerusalem, dieses Prag samt und sonders mit seinem Glockengeläute und Heiligkeitsgetue, umkreist Deml mit selbstzerstörerischem Zorn, mit Eifersucht, voller Hohn und Spöttel, dieses Prag pulvert ihn auf, zieht ihn magisch an, stößt ihn ab, magnetisiert, betäubt ihn, Prags Unmenschen, Prags Flitter, Tand und Unrat locken. Deml, selbst ein Außgestoßener der Kirche, deren Befinden und Urteil er nicht akzeptiert, weil er kirchliche Autorität nur mehr als eine vom Teufel verliehene, geborgte betrachtet, (ähnlich der Überzeugung von Essenern und Pharisäern, welche Tempel sowie die offizielle sadduzäische Gemeinschaft samt und sonders dem Wind preisgeben, um den Ritus auf eine, sagen wir, transzendentale Ebene zu verlegen), also Deml rechtet, rechnet mit der Verworfenheit ab, in die ihn zu gleichen Teilen, meint er, Gott und Teufel verworfen, verwunschen haben. ›Wenn wir ein lebendiger Trieb an seinem Weinstock sind, wenn wir mit Gott verbunden sind, dann werden wir auch von unseren Sünden inspiriert‹, sinniert er, dann kommt die Sünde auch von Gott, der rein und unrein, gerecht und ungerecht etc. etc. zugleich ist. Doch anders als die gerechten ›Zaddikim‹ absentiert er sich nicht in Tasovschen Einöden, Dickichten oder Geheimlehren, sondern geht der parfümierten, bockgestaltigen Sünde entgegen, die so fleischlich, im Plisseerock die Hüften schwingend, stolziert und wird zum Sünder, weil er sündigen, indes auch bereuen will, bereuen aber ohne Beichte. ›Für Gott und für seine Engel gibt es überhaupt keine Erinnerungen! Nicht nur eine unselige Erinnerung, sondern auch eine gute Erinnerng ist eine einzige Quelle von Leiden auf dieser Welt! Verzeih, ich will nicht beichten, ich will mich nicht von meiner Last befreien!‹, sagt er in der kurzen Erzählung ›Der Himmel glitzert vor Milch‹, einsam als Phantom eines Phantoms den Tod erwartend, mit dem er nicht hadert, weil er kommt, sondern weil er sich nicht einstellt, oder er hadert, weil die Beichte nur einen großen Klumpen Kot zurückläßt, den abzuwaschen der Beichtende geht, zu einem scheinbaren, also in der Atmosphäre vorgespiegelten Lavoir. Eine alltägliche Szene, meinst du? Doch sie verändert sich plötzlich, Bedingungen und Dekoration werden blitzschnell ausgetauscht, ins Kabinett einer Greisin sieht sich der Waschwillige versetzt, zweifellos hat es der Bedreckte mit einer Epiphanie Gottes zu tun, der erscheint eben, wo er will, eine Greisin also, die ihn mit den rätselhaften Worten ›Blut, schnell Blut‹ anschreit, so als fordere sie das seine. Und die Finger, die sich daraufhin in seinen Körper eingraben, als auch den glühenden Atem der Unheimlichen sollte er nie mehr los werden, noch seines Lebens froh, noch des Grauens ledig. Solche Macht besitzt also die Sünde, so etwas bewirkt die nicht erteilte Absolution! Ah, vielleicht materialisierte sich doch Luzifer in die Greisin? Kroch er vielleicht in ihre Hülle? Was hilft da schon eine volle Schüssel Theologie, ein dickes Perlhuhn zum Abkiefeln! Allein Deml strapaziert sich noch einen Schritt weiter, eben jenen Schritt gewisser gnostischen Sekten des ersten und zweiten nachchristlichen Jahrhundertdurcheinanders, die glaubten, mitten in die Sünde hinein und hindurch zur Reinheit zu gelangen, erst wenn alle Abgründe der Sünde, die letzten Niederungen durchschritten sind, erst dann beginnt der Aufstieg zur Höhe, zur Reinheit, erst dann kannst du der Gnade Gottes teilhaftig werden, ein Vorgang, den Deml gern mit dem Wort ›Poesie‹ substituiert. In seinem Falle steht der Aussichtsturm der Poesie auf einem Gnadenort, nein der Gnadenort ist die Poesie. Für Deml gibt es daher nur zwei Konsequenzen: entweder Priester oder Dichter zu werden, beides als Revolte verstanden. Deml entschied sich für den rebellischen Dichter und zwar für jene Spezies, dem nichts zu gering, nichts zu verachtet ist, um ihm nicht den Glanz der Synagoge zu schenken, in die er das Geringe und Alltägliche trug, eingewickelt in seinen Mantel, über die Schwelle zum Ort seines Disputs. ›Damit jemand Priester oder Dichter wird, welche Heiligkeit, oder welche Gemeinheiten dazu nötig waren?‹, fragt er – und läßt die Frage offen. Angezogen von den Lastern Prags, einer Stadt, die ihn kalt abweist und die er dadurch nur umso hitziger begehrt, steigt er der Käuflichen nach, steigt er in die gefährlichen Geheimnisse ihrer Quartiere und verlausten, wollenen Decken hinab. Prag verhurt ihn. Er weiß dies und schreibt genau jenen Satz wiederholt nieder, als spräche er damit eine wesentliche Erkenntnis aus. Prag verhurt, das steht fest, verhurt jeden, der sich dorthin begibt, die Moldau, den Jordan überschreitend, und doch längst an der Syphilis leidend, mieses Krepieren ... und der gebrochene Blick stiert noch im Todeszucken voller Lust im Barock. Indes wäre Deml nicht der räsonierende Ex-Pfarrer und mönchische Manichäer, um nicht einen Anker, ein allerletztes, probates Mittel gegen das Scheitern in der Gosse, am Jahrmarkt der Sensationen zu finden, nicht nur seiner selbst, sondern auch der gemeinen Menschenseel wegen, die doch ein wenig Poesie recte Weihwasser braucht. Und er wäre nicht Gnostiker, der darum die Theologie schlachtet, zu Bries, Schulter- und Lendenstücke schneidet, nur um sie zu kochen, braten oder dämpfen, was einen völlig neuen Geschmack ergibt, – zurückverbindet –, weil ihm der Fleischhauer das Amt vermittelt hat, mehr noch, der so gewonnene Bries mit Steinpilzen ihn ins Reich der Poesie versetzt: Weh dem, der Augen hat und nicht sieht, der Ohren hat und nicht hört und einen Verstand und nicht versteht, ja dann, dann ist der Dichter als geifernder Prophet und der eifersüchtige Liebhaber als zorniger Ankläger, als Einpeitscher unterwegs. Deml verknotet die alttestamentarische Ideenwelt zur Abwehr polytheistischer Sack- oder Todesgassen mit dem kleinbürgerlichen Leben aus der Welt des frommen Wortes ›Meinerseel‹ oder mit den bunten Heiligenbildchen voller Blut- und Mördersachen der Mater Dolorosa, ein brennendes Herz durchkreuzt mit dem Schwert des Leidens. Its all over now, baby blue! Sein Bilsenkraut kommt mir in den Sinn, gewidmet seinen Freunden: ›Bilsenkraut, verstummter Sänger Sodoms, deine Augen sind ausgebrannt, und um dein Haupt kreist schleichend Irrsinn, Haarband der Ohnmacht und eines unendlichen Taumels – du traurigster von allen, weil der Mensch dich nicht trösten kann ...‹ Verurteilt Gott Sodom, bedauert es Deml als sein Antipode. Christologisch gesehen, verfilzt er paulinische Denkgebäude, entbeinelt von ihrer Herrschaft, entbeinelt von ihrem Kontext, gewürzt mit den Spezereien seiner eigenen Träume oder den Kolonialwaren privater gehorteter Ängste. Ketzerisches, verknüpft er mit Ahnungen, Omen und Vorzeichen mit krauser Magie. Erkenntnisse, die er aus seiner Psyche quetscht, werden zum poetischen Gestus, er hechelt hinter ihnen her, um aus ihnen ein Pulver, eine Formel zu filtern. Seine Geschichte kreuzt sich mit dem Anarchismus, seine Träume umkreisen beobachtend des geschundenen, abgerackerten Lebens Bahn, welche die jesuitischen und k. u. k. monarchischen Schinder höhnen, verachten, die sich wie die Römer in Jerusalem gebärden und auf allem, was heilig ist, trampeln. Zwar würde er wie Paulus von den ›obrigkeitlichen Gewalten, in ihrer relativen Stellung‹ sprechen, doch bin ich mir sicher, er hätte sich hinzugedacht: ›die verdammten, verfluchten obrigkeitlichen Gewalten ...‹ Das liebe Kreuz hatte Deml mit der Hierachie in Reihenfolge: Gott, Staat und Welt. Und die Sexologie? Auch das kam hinzu, nebst anderen Ausschweifungen, Feinden und der Magie, die, durch Deml betrieben, zigtausend frei herumflatternde Teufel zu bannen suchte, mit deren Hilfe er durch gewisse Rituale den Segen zu erzwingen trachtete. Dann die magischen Lichter, überall Schemen und Lichter, als seien sie von oben oder einem Rosenkreuzer gesandt, um seine kleine Welt zu irritieren, Gespenster zu beleuchten, einfache Erdenbürger zu schrecken, die nicht und nicht in diese Gruben lichter Finsternis hineinfallen wollen und doch strauchelnd hinunterrumpeln werden. ›Es war am Abend in der Dämmerung am Marktplatz in meinem Geburtsort. Dort befand sich ein Abgrund, aus dem ein magisches Licht hervorkam‹. Und als er zum Abgrund des magischen Lichts sprang, weil er jenes entsetzliche ›Hilfe, Hilfe, Hilfe‹ aus einem durchbohrtem, nicht ausgebluteten Herzen vernahm, wars zur Rettung der Dame schon zu spät. Freilich, es ist eine Poesie, geschrieben am Todestag des Barbey d'Aurevilly ... Sapienti sat! So kam ein ganz gewöhnlicher, namenloser Priester in die Stadt, beschützt von einem Engel des Herrn. Irrtum! Die Begebnisse der bösen Stadt wurden dem ganz gewöhnlichen, namenlosen Priester eingepfropft analog dem Gleichnis für die Hebräer, die zwar den Stamm des Ölbaums ausmachen, aber verwilderten und von einer neuen Veredelung träumten. Kühn, verehrter Herr Deml, äußert kühn, Prager Poeten mit Tasovschen Ruten zu schlagen, mehr noch, vice et versa, Tasov als den Stamm zu betrachten und Prag Zweige einzupfropfen. Indes verschränkt Deml durchgehend Bilder biblischer Provenienz mit traumatischen Erinnerungen, Traumnotaten, um ganz im Stile der Propheten den überkommenen Poesiebetrieb in Prag zu geißeln einerseits, zu beuteln, umzurühren, zu paraphrasieren andererseits und Frischblut zuzuführen sowieso. Jerusalem braucht Galiläa und Prag Tasov und die Moldau den Jordan, Nepomuk und Taboriten, Adamiten, Böhmische Brüder, Žižka etc.etc. In der Erzählung ›Der Fremde‹ schreibt er eine Hommage an den Lotterbuben ›Barrabas‹, in ›Träume über Prag‹ werden sämtliche Erzketzer, Aufrührer und Häretiker, die zwischen Pentateuch und Apokryphen ihr Unwesen treiben, mythifiziert. Ihre Sinnhaftigkeit kulminiert in der wahrhaft abseitigen Idee: So wie ihr Vater, der Teufel, dienten auch sie alle zusammen dem Werk Gottes auf dieser verflixten und verelendeten Erde, inclusive, exclusive und egal wie, samt Prag. Deml sind diese Gestalten Bezugspunkte seiner Traumnotate, seiner bösen und guten Träume, die er weder verschuldet noch verdient hat. Er liebt diese Herren nicht unbedingt, doch abgestoßen ist Deml von ihnen auch nicht, als cherubinischer Poet, ich kann nicht sagen Wandersmann, zwischen dem Bösen und dem Höllischen in der Mitte eingezwängt im Groß-Popowitzer Bierhaus von Franz Pavliks Witwe, genannt ›Alte Hundehütte‹. Seine Träume vom Veitsdom kommen mir in den Sinn. Ähnlich wie Léon Bloy den Kulminationspunkt des Hochmuts seiner Generation in der Errichtung des Eiffelturms als Zeichen des sicheren Weltendes wähnte, überhöht er den Prager Veitsdom als echten babylonischen Turm Nimrods, im Widerstand gegen Gott erbaut, auf den neuerlich eine Sprachenverwirrung folgen müßte, und indem diese einfach nicht daherkommen will, muß es bestimmt ganz arg werden. Weil der Veitsdom noch nicht von Schawuots Engelsscharen zerstört wurde, sondern bis heute steht, träumte Deml, konnte er nur mit besonderer Protektion des Himmels vollendet worden sein. Durch die Doppelbödigkeit dieser Überlegung hellert sein Gelächter, hellert, weil er diese Ranküne, der liebe Gott sei der Beschützer aller Tunichtgute, unterlegt, als wollte er sagen: Schau, der Teifl ist dein Freund, du läßt den Veitsdom nicht zusammenrumpeln, obwohl die dort versammelten Hundianer allesamt dem Teifl roboten! Deml bekämpft die Welt, die Poeten, die Kirche und die Monarchie mit den Testamenten, zitiert wie ein Irrwisch schnell improvisierte, altenbergische Kleinstaufnahmen, Miniaturen, deren Fundamente gewaltig mit Psalmen, Gleichnissen und Prophetensprüchen untermauert sind, deren Ränder in Träumen und Flüchen ausfransen, deren so gefaserte, gezackte Aura die einen Poesie, die anderen Irrsinn nennen, jedenfalls als Gegenwelt zum Kosmos der religiös, theologisch, journalistisch, nationalistisch usw. usf. tümelnden Literatur empfinden. Deml, Feind aller offiziösen Wortdrechsler im Dienste einer Partei, gibt auf die beamteten Schönschreiber Jung-Prags keinen Pfifferling, er spuckt auf sie mit einem durch die Nase geschnarrten großen Batzen grünem Rotz. Er will sich die Welt des Naivlings bewahren, ihr Sprecher bei den Großen sein. Natürlich leistete er sich auch Entgleisungen: unverständlich bleibt mir seine Hochachtung vor dem Langeweiler Pannwitz, vielleicht zog ihn seine Betulichkeit oder sein Erfolg in gräflichen und halbgräflichen Kreiseln bzw. Betten an, oder sie verstanden sich beim Biersaufen ausgezeichnet; dann seine übertriebene Wertschätzung für Otokar Březina, von dem Werfel nicht mehr weit entfernt wäre. Wer liest heute noch freiwillig Werfel? Gut, F. X. Šalda verstehe ich, das war ein Lancierer aller wichtigen Strömungen, Léon Bloy, verstehe ich sehr wohl, ultrakatholisch, gefährlich wortwörtlich, Joris Karl Huysmans geht mir ab, Barbey d'Aurevilly verstehe ich, Maeterlinck wiederum nicht so sehr usw. usf. Ähnlich widersprüchlich ist auch Demls Zitatenschatz geflügelter Worte aus den Testamenten. Hand abhauen, buchstäblich genommen, also Hand abhauen: Wenn deine rechte Hand dich zur Sünde reizt, so hau sie ab und wirf sie von dir weg, wenn nun dein rechtes Auge zur Sünde reizt, so reiß es aus und wirf es von dir weg, denn … Denn, schlußfolgert Deml in der Erzählung ›Der Fremde‹, wie ist es, wenn du diesem Verstümmelten begegnest, und wieder hellert das Gelächter aus diesem realiter fortgedachten Gleichnis: Den Säbel würde ein angeheiterter Offizier vor der Passage dieses Gespenstes ziehen, es in Stücke hauen, um dem Wahn ein Ende zu bereiten, zumindest müßten die Wachorgane einschreiten und den selbstverstümmelten Gerechten, der so massakriert, doch sündenlos ins Paradies eingehen möchte, verhaften. Bevor dies geschieht, verzichtet der Verstümmelte auf seine, wahrliche Kopflosigkeit, einzig mit dem Gedanken beschäftigt, wie kann ich mir raschest Hand nebst Kopf wieder anheften, aufsetzen, sodaß Organ, Offizier und Leser meinen, selbst Täuschung alkoholischer Mittel geworden zu sein, Hauptrolle in einer Illumination mit Pfauenfedern eines Séparées zu spielen; indes, war das nicht ein Buch und waren die Blätter nicht dicke Weißbrotscheiben, in denen wie in Gußformen auseinandergeschnittene Nüsse steckten, die zwar beim Umblättern klapperten, aber nicht aus ihrem Gehäuse fielen? Staunen Sie, hören Sie, sehen Sie, Wunder über Wunder. Was stand in diesem Buch geschrieben? War es das Brevier oder der Pentateuch, das zweischneidige Schwert Gottes und Demls, oder doch nur einer seiner abwegigen Wachträume, die er in sein Kanzleijournal schrieb? Jedenfalls ein Werkzeug, um ein heranschleichendes Gespenst zu vertreiben, dem er besagtes Buch ins Gesicht schleuderte. ›Es rasselte nur so …‹ Deml liebt es, Schritt für Schritt vom Konkreten ins Absurde abzuschweifen, als wollte er sagen, he, du elendiges Gespenst, atme gefälligst, wenn ich mit dir rede und antworte gefälligst, wenn ich dich was frage und schneuz dich zuallervörderst einmal. Das Grauen, nicht nur das Morgengrauen in Prager Wirtshäusern, stellt er neben den Traum, der uns, wie es Richard Weiner ausdrückte, als ureigenster Gott erscheint, der, als wir ihn vertrieben, sich die Glieder quetschte. Darum hält der Traum mit den Wachenden nicht Schritt, darum, so Weiner, so Deml muß er wie eine Tuchent aufgebeutelt werden. Genau diese zerquetschten Träume aus der lasziven Übergangszeit des Grauens oder Dämmerns ins alltägliche Grauen überliefert Deml, durchaus den Obersten aller Oberen als ihren Urheber identifizierend, der uns damit sekkieren will, indem er uns den Boden unter den Füßen wegzieht und unsere Bezugs- und Realitätsebenen in der göttlichen Komödie gründlich durcheinanderbringt. So ist Gott, ein schuftiger Liebender, ein gemein Hassender, ein gnadenloser Verwirrer ohnegleichen. Als einzige Gegenposition entwickelt Deml eine, seine Sprachmagie, die sich aller Stilformen bedient, sich über alle Gattungen breitet, als wolle ihr Schöpfer uns sagen: Sieh zu, wo du bleibst, entziffere, wenn du kannst, mein Geist weht, wo er will, und wäre dies nicht ein biblisches Zitat, so wäre es bestimmt ein Demlsches, Deml, der mit dem einen Fuß in Jerusalem steht, mit dem anderen in Prag, mit dem dritten bei den erzürnten Propheten und mit dem vierten sich aufmacht ins Land Absurdien, obwohl er noch einen fünften hat, der irgendwelchen Rosenkreuzern gehört. Dazwischen fließen so mächtige Ströme wie die Moldau, der Jordan und das ›Blut eines Dichters‹, würde Cocteau sagen, denn wer einmal die Hand an den Pflug gelegt hat und zu ackern anfängt, der kehrt nicht mehr um, oder doch: ›Revenons sur nos pas!‹

Salzburg, im Oktober 1992

EDITION TRAUMREITER

Herausgegeben von Max Blaeulich

LAJOS KASSÁK

Das Pferd stirbt
und die Vögel fliegen aus

Poeme · Deutsche Erstausgabe
Aus dem Ungarischen von Robert Stauffer
Nachwort von Max Blaeulich
68 Seiten, öS 138,–/DM 19,80

REITER RÓBERT

Abends ankern die Augen

Gedichte · Deutsche Erstausgabe
Aus dem Ungarischen vom Autor und von Erika Scharf
Nachwort von Max Blaeulich
98 Seiten, öS 148,–/DM 22,–

GELLU NAUM

Zenobia

Roman · Deutsche Erstausgabe
Aus dem Rumänischen von Georg Aescht
Nachwort von Max Blaeulich
223 Seiten, öS 248,–/DM 34,80

EMIL SZITTYA

Ahasver Traumreiter

MAX BLAEULICH

Verstörung der Legende

Prosa und ein Essay
Originalausgabe
143 Seiten, öS 178,–/DM 25,50

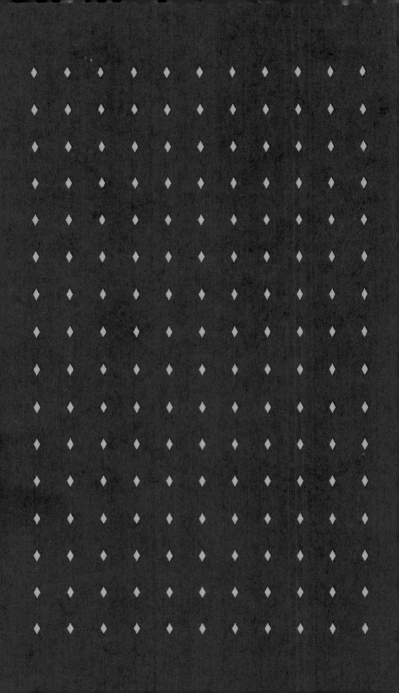